Männel · Preisobergrenzen im Einkauf

Deckungsbeitragsrechnung und Unternehmungsführung
Herausgegeben von Prof. Dr. Paul Riebel
und Prof. Dr. Wolfgang Männel
Band 5

Wolfgang Männel

Preisobergrenzen im Einkauf

Springer Fachmedien Wiesbaden GmbH

Ursprünglich erschienen bei Westdeutscher Verlag GmbH, Opladen 1975
Umschlaggestaltung: Hanswerner Klein, Opladen

ISBN 978-3-531-11305-0 ISBN 978-3-663-06751-1 (eBook)
DOI 10.1007/978-3-663-06751-1

Inhalt

Inhalt

Verzeichnis der Abbildungen

I. Einführung

Im Vergleich zur Preispolitik im Absatzbereich wurde die Preispolitik im Rahmen der Beschaffung bisher literarisch stark vernachlässigt[1]. Das gilt auch, man muß sogar sagen in besonderem Maße, für die Bestimmung von Preisobergrenzen. Während über die Ermittlung von Preisuntergrenzen im Verkauf während der letzten Jahre viel diskutiert wurde, hat man die Preisobergrenzen-Bestimmung im Beschaffungsbereich bisher hauptsächlich am Rande anderer betriebswirtschaftlicher Einzelprobleme erörtert. Ausnahmen bilden lediglich die in jüngster Zeit publizierten Arbeiten von Heine, Hauschildt und Reichmann[2], speziell die Veröffentlichungen des letztgenannten Autors. Sie gaben auch den Anstoß zu dieser Analyse und bilden zugleich den Ansatzpunkt für die folgenden systematisierenden Untersuchungen.

Mit dem Problem der Preisobergrenzen-Ermittlung wird man allerdings nicht nur im Rahmen des Einkaufs, sondern auch im Absatzbereich der Unternehmung konfrontiert. Dabei geht es um die Bestimmung des für ein Absatzobjekt maximal erzielbaren Preises, um die Ermittlung jener Preisstellung, über die man im Verkauf beim Streben nach langfristiger Gewinnmaximierung nicht hinausgehen sollte[3]. Demgegenüber beinhaltet die hier allein interessierende Festlegung von Preisobergrenzen im Rahmen der Beschaffung die Frage nach dem Preis, den eine Unter-

1 Einen besonderen Hinweis verdient lediglich die umfassende Arbeit von Paul *Theisen:* Grundzüge einer Theorie der Beschaffungspolitik, Berlin 1970, die u. a. auch ein umfassendes Kapitel über Preispolitik enthält (vgl. S. 140–281).

2 Vgl. *Heine,* Bernd: Die Preisobergrenze im Einkauf, unveröffentlichte Diplomarbeit, Frankfurt am Main 1963. – *Hauschildt,* Jürgen: Die Bestimmung von Preisobergrenzen im Einkauf mit Hilfe der Deckungsbeitragsrechnung, in: Der Österreichische Betriebswirt, 17. Jg. (1967), S. 234–244. – *Reichmann,* Thomas: Kostenrechnung und Preisgrenzen im Industriebetrieb, Habilitationsschrift, Frankfurt am Main o. J. (1972), insbesondere S. 257–308. Die Habilitationsschrift Reichmanns ist 1973 unter dem Titel: Kosten- und Preisgrenzen – Die Bestimmung von Preisuntergrenzen und Preisobergrenzen im Industriebetrieb im Betriebswirtschaftlichen Verlag Dr. Th. Gabler, Wiesbaden, erschienen. – *Ders.:* Die Planung von Preisgrenzen im Beschaffungsbereich der Unternehmung, in: Zeitschrift für betriebswirtschaftliche Forschung, 23. Jg. (1971), Heft 10/11/12, S. 793–802.

3 Vgl. dazu *Layer,* Manfred: Die Festlegung der Preisforderung bei Kundenfertigung, in: Rechnungswesen und Betriebswirtschaftspolitik, Festschrift für Gerhard Krüger zu seinem 65. Geburtstag, hrsg. v. Manfred Layer und Heinz Strebel, Berlin 1969, S. 223–250, hier vor allem S. 233 ff. – *Ders.:* Möglichkeiten und Grenzen der Anwendbarkeit der Deckungsbeitragsrechnung im Rechnungswesen der Unternehmung, Berlin 1967, S. 140 f. – *Lehmann,* M. R.: Industriekalkulation, 2. Aufl., Stuttgart 1941, S. 202–206. – *Böhm,* Hans-Hermann – *Wille,* Friedrich: Deckungsbeitragsrechnung und Optimierung, 3. Aufl., München 1967, S. 134 und 171.

nehmung unter Berücksichtigung ihrer allgemeinen Zielsetzung (z. B. in dem eben erwähnten Streben nach größtmöglichem Gewinn)[4] maximal für ein bestimmtes Beschaffungsobjekt aufwenden darf, bei dessen Unterschreiten sie das Objekt kauft, bei dessen Überschreiten sie das Objekt aber nicht kauft[5].

Trotz dieser Unterschiede weisen beide Fragestellungen dennoch eine gewisse sachbezogene Verwandtschaft auf. Denn bei der Ermittlung absatzwirtschaftlicher Preisobergrenzen muß man sich regelmäßig bemühen, gedanklich nachzuvollziehen, wie die betreffenden Kunden ihre Preisobergrenze beim Einkauf ermitteln bzw. welche Bestimmungsfaktoren für diese beschaffungswirtschaftliche Preisobergrenze maßgeblich sein werden[6].

Die Preisobergrenzen-Bestimmung im Rahmen der Materialbereitstellung ist eine der preispolitischen Teilaufgaben der Kostenrechnung[7]. Das trifft vor allem auf solche Betriebe zu, die Erhöhungen ihrer Einstandspreise nicht beliebig – eventuell sogar langfristig durch Preisgleitklauseln abgesichert – in den Verkaufspreisen der eigenen Endprodukte auf ihre Kunden weiterwälzen können, die vielmehr auf ihrem Absatzmarkt generell einen nur sehr geringen preispolitischen Spielraum haben, denen von der Absatzseite her relativ feste Preise vorgegeben sind[8]. Bei ihnen verlagert sich die Preispolitik durch die Höchst- bzw. Festpreise auf der Absatzseite oft weitgehend in die Beschaffungspolitik hinein, und für sie ist es daher besonders wichtig, jene Preise genau zu ermitteln, über die sie unter Berücksichtigung ihrer Produktions- und Vertriebsmöglichkeiten beim Einkauf nicht hinausgehen können. In diesem Sinne weist beispielsweise Heger darauf hin, daß vor allem dann, wenn die Verkaufspreise unter einem starken Wettbewerbsdruck stehen, das Hauptziel der Kalkulation im allgemeinen nicht in der Ermittlung der Verkaufspreise auf Grund der Selbstkosten liegen kann, sondern daß die Kalkulation vielmehr darauf abzielen müsse, unter Zugrundelegung des maximal möglichen Absatzpreises und der Selbstkosten den maximalen Beschaffungspreis zu bestimmen[9]. Analoges gilt besonders für Situationen, in denen den Kunden bereits verbindliche Angebote unterbreitet oder sogar schon Kundenaufträge zu verbindlichen Bedingungen angenommen wurden, sowie für Unternehmungen, die von sich aus auf lange Sicht feste Verkaufspreise fixiert haben, die also bemüht sind, für längere Zeit keine Preisänderungen, insbesondere keine Preiserhöhungen, vorzunehmen.

4 In diesem Beitrag wird lediglich die Ermittlung gewinnorientierter Preisobergrenzen behandelt. Liquiditätsorientierte Preisgrenzen bleiben außerhalb der Betrachtung.

5 Ähnlich definiert Th. *Reichmann:* Kostenrechnung und Preisgrenzen, S. 267.

6 Siehe hierzu *Riebel,* Paul: Die Preiskalkulation auf Grundlage von „Selbstkosten" oder von relativen Einzelkosten und Deckungsbeiträgen, in: Zeitschrift für betriebswirtschaftliche Forschung, 16. Jg (1964), S. 549–612, wieder abgedruckt in dem Buch *Riebel,* Paul: Einzelkosten- und Deckungsbeitragsrechnung, Grundfragen einer markt- und entscheidungsorientierten Unternehmerrechnung, Opladen 1972, S. 190–254, hier insbesondere S. 238.

7 Vgl. dazu auch Kostenrechnung in der Chemischen Industrie, hrsg. v. Betriebswirtschaftlichen Ausschuß des Verbandes der Chemischen Industrie e. V., Wiesbaden 1962, S. 22.

8 Besteht die Möglichkeit einer vollen Weiterwälzung aller Preiserhöhungen, gibt es keine Preisobergrenze für den Einkauf. Vgl. *Reichmann,* Th.: Die Planung von Preisgrenzen, S. 793. Ähnlich *Heger,* Heinz: Die Beschaffung – unter besonderer Berücksichtigung ihrer Abhängigkeit vom Absatz- und Beschaffungsmarkt, Nürnberg 1957, S. 62 f.

9 Vgl. *Heger,* H.: Die Beschaffung, S. 61 f.

Eine solche Verhaltensweise ist häufig vor allem bei den Herstellern von Markenartikeln zu beobachten, wenngleich gegenwärtig nicht mehr mit der Deutlichkeit, wie das in Zeiten, in denen noch die Preisbindung der zweiten Hand zulässig war, sich feststellen ließ.

Besonders aktuell ist die Preisobergrenzen-Bestimmung für den Materialeinkauf in Zeiten wenig stabiler Preise, wenn sich vom Beschaffungsmarkt her vorübergehend oder dauerhaft Preiserhöhungen ankündigen, wie gleichermaßen dann, wenn sich auf dem Absatzmarkt zunehmend Preisverfall-Erscheinungen bemerkbar machen[10], oder immer auch dann, wenn man feststellen muß, daß sich bestimmte Einsatzgüter nicht zu den Bedingungen bereitstellen lassen, die man ursprünglich plante, wenn also beispielsweise planmäßige Lieferanten ausfallen und dann neue gesucht werden müssen oder wenn etwa der Ausfall eines wichtigen Ersatzteiles zu einer Betriebsunterbrechung geführt hat. Nicht zu Unrecht weist Hauschild[11] darauf hin, daß der Preisobergrenzen-Bestimmung vor allem bei der Bereitstellung von Engpaßfaktoren eine große praktische Bedeutung zukommt. Diese Bedeutung ist wiederum der Tendenz nach um so größer, je materialintensiver der betreffende Betrieb ist[12], denn bei materialintensiven Unternehmen wird es der Tendenz nach häufiger vorkommen, daß ein bestimmtes von der Einkaufsabteilung bereitzustellendes Material zum dominierenden Engpaß des Betriebes wird, wie dies etwa zeitweise in Betrieben der Stahlverarbeitung oder auch in Betrieben, die in starkem Maße Produkte der Mineralölwirtschaft einsetzen, während der letzten Jahre beobachtet werden konnte.

Ganz allgemein ist schließlich stets auch dort ein wichtiger Anlaß für die Ermittlung und Vorgabe von Preisobergrenzen gegeben, wo man sich um eine möglichst weitgehende Aufteilung des betrieblichen Entscheidungsfeldes und dabei speziell um eine Delegation von Beschaffungsentscheidungen an die Instanz des Einkaufs bemüht. Im Hinblick auf solche Bestrebungen ist es vorteilhaft, wenn man dem Beschaffungsbereich den preispolitischen Spielraum nach oben limitiert. Gleichzeitig bilden Preisobergrenzen in solchen Fällen einen Ansatz zur Leistungsmessung und zur Effizienzkontrolle der Einkaufsabteilung. Man kann die vorgegebenen Preisobergrenzen als Planwerte auffassen und deren Unterschreiten zumindest teilweise dem Verhandlungsgeschick der Einkäufer zuschreiben[13].

Allerdings wird man nur selten Preisobergrenzen für sämtliche Materialien ermitteln, obgleich dies prinzipiell möglich ist[14]. Im Vordergrund der Bewältigung dieser Aufgabe stehen neben den bereits erwähnten Engpaßfaktoren vor allem

10 Vgl. dazu auch den Hinweis von *Reichmann*, Th.: Die Planung von Preisgrenzen, S. 794.

11 Vgl. *Hauschildt*, J.: Die Bestimmung von Preisobergrenzen, S. 235.

12 Vgl. *Munz*, Max: Beschaffung und Beschaffungsplanung im Industriebetrieb, Wiesbaden 1959, S. 38.

13 Hierauf verweist J. *Hauschildt:* Die Bestimmung von Preisobergrenzen, S. 244. – Im gleichen Sinne betont Werner *Kroeber-Riel* (Beschaffung und Lagerung – Betriebswirtschaftliche Grundfragen der Materialwirtschaft, Wiesbaden 1966, S. 31), daß die Differenz zwischen Preisobergrenze und den darunter liegenden effektiven Einkaufspreisen Anhaltspunkte für die Wirtschaftlichkeit des Einkaufs zu vermitteln vermag.

14 In diesem Sinne betont Th. *Reichmann* (Die Planung von Preisgrenzen, S. 795), daß Preisobergrenzen grundsätzlich für jedes Wirtschaftsgut, das von der Unternehmung beschafft werden muß, festgelegt werden können.

Schwerpunkt- und Hauptmaterialien, die einen ins Gewicht fallenden Anteil an den betrieblichen Endprodukten ausmachen[15]. Doch kann es mitunter auch notwendig sein, Preisobergrenzen für verhältnismäßig unbedeutende Einsatzgüter zu bestimmen[16], wie etwa dann, wenn man bereits feste Lieferverpflichtungen eingegangen ist, jedoch bestimmte, an sich unbedeutende Materialien, die aber für die Herstellung der betreffenden Produkte und damit für die Erledigung der hereingenommenen Aufträge auf jeden Fall erforderlich sind, von den ursprünglich geplanten Lieferanten nicht mehr geliefert werden können, so daß vom Einkauf nach neuen Beschaffungsquellen Ausschau gehalten werden muß.

Bemerkenswert erscheint es, daß Preisobergrenzen im Einkauf nicht immer positiv sein müssen. Beim Aufkauf lästiger Abfallprodukte, die unter Aufwendung zusätzlicher Kosten vernichtet werden müssen, kann die Preisobergrenze auch negative Werte annehmen. Dieser Fall erlangt gegenwärtig, da man den Notwendigkeiten des Umweltschutzes erfreulicherweise immer größere Bedeutung schenkt, auch immer mehr an Bedeutung. Denn diese Erfordernisse üben geradezu einen Zwang zur sachgerechten, die Umwelt nicht mehr belastenden Beseitigung lästiger Abfälle aus, und eine solche Beseitigung ist vielfach, da für die betreffenden Abfallprodukte noch keine geeigneten Verwendungsmöglichkeiten erforscht wurden, tatsächlich nur mit dem Anfall zusätzlicher Kosten verbunden, ohne daß für den Output solcher Verwertungsprozesse ins Gewicht fallende (die Kosten übersteigende) Erträge erzielt werden können. Zumindest ist dies gegenwärtig in vielen Fällen noch nicht gewährleistet, und so ist es erklärlich, daß negative Preisobergrenzen für den Aufkauf lästiger Abfallprodukte gegenwärtig durchaus nicht selten vorkommen. Das gleiche gilt der Tendenz nach auch für den Aufkauf mancher ausgemusterter Betriebsmittel, die nur noch verschrottet werden können.

15 Vgl. *Reddewig*, Georg – *Dubberke*, Hans-Achim: Einkaufsorganisation und Einkaufsplanung, Wiesbaden 1959, S. 94.

16 Vgl. *Reichmann*, Th.: Kostenrechnung und Preisgrenzen, S. 12.

II. Ansatzpunkte der Preisobergrenzen-Ermittlung

Reddewig und Dubberke[17] vertreten die Auffassung, daß die Preisobergrenze für den Materialeinkauf grundsätzlich bei den in der Preiskalkulation für die Endprodukte eingesetzten Werten (d. h. bei den für die betreffende Materialart kalkulierten Kosten) liegt, weil eine Überschreitung dieser Werte zu Lasten des kalkulierten bzw. effektiven Gewinns gehen würde. Ein solcher Denk- und Rechenansatz ist jedoch keinesfalls generell haltbar und führt grundsätzlich nicht zu richtigen Ergebnissen. In bestimmten Situationen, auf die im weiteren Verlauf dieser Untersuchung noch näher einzugehen ist, kann es sich durchaus als sinnvoll und rentabel erweisen, beim Einkauf der Materialien über die ursprünglich in der Preiskalkulation angesetzten Werte (weit) hinauszugehen. Das liegt, wie ebenfalls noch zu zeigen sein wird, hauptsächlich daran, daß in den von der Kostenseite her ermittelten Selbstkostenpreisen auch anteilige Fixkosten enthalten sind, die auch bei Nichtherstellung der betreffenden Fertigprodukte, zu der man sich beim Verzicht auf den Einkauf der Materialien u. U. entschließen müßte, nach wie vor in gleicher Höhe anfallen würden. Anders als Reddewig und Dubberke meinen, ist die Preisobergrenze stets von jenen nachteiligen wirtschaftlichen Folgen abzuleiten, die beim Verzicht auf den Kauf des betreffenden Gutes eintreten würden. Dies bedeutet, daß sich Preisobergrenzen für die Beschaffung eines bestimmten Gutes immer nur im Hinblick auf die jeweils möglichen bzw. relevanten Alternativen zu dieser Beschaffung definieren und bestimmen lassen[18]. In der Literatur nennt man als solche Alternative vornehmlich den Verzicht auf die Weiterverarbeitung der betreffenden Beschaffungsobjekte und stellt die Preisobergrenzen-Ermittlung dementsprechend als eine retrograde Kalkulation heraus[19]. Daneben sind aber zumindest theoretisch, meist aber auch in der Praxis, noch verschiedene andere Alternativen zu beachten, im Gesamtüberblick – wie in Abbildung 1 – ausgewiesen, insbesondere die folgenden:

- *als zeitliche Alternative*
  die Bereitstellung des betreffenden Beschaffungsobjektes zu einem späteren Zeitpunkt,

17 Vgl. *Reddewig*, G. – *Dubberke*, H.-A.: Einkaufsorganisation, S. 93.

18 Im gleichen Sinne äußert sich auch *Reichmann*, Th.: Kostenrechnung und Preisgrenzen, S. 267 f.

19 Vgl. dazu insbesondere *Mellerowicz*, Konrad: Kosten und Kostenrechnung, Band II: Verfahren, 2. Teil, Berlin 1958, S. 166. – *Hauschildt*, J.: Die Bestimmung von Preisobergrenzen, S. 234 ff. – *Munz*, M.: Beschaffung und Beschaffungsplanung, S. 37 f.

Abb. 1: Überblick über die wichtigsten Ansatzpunkte der Preisobergrenzen-Bestimmung

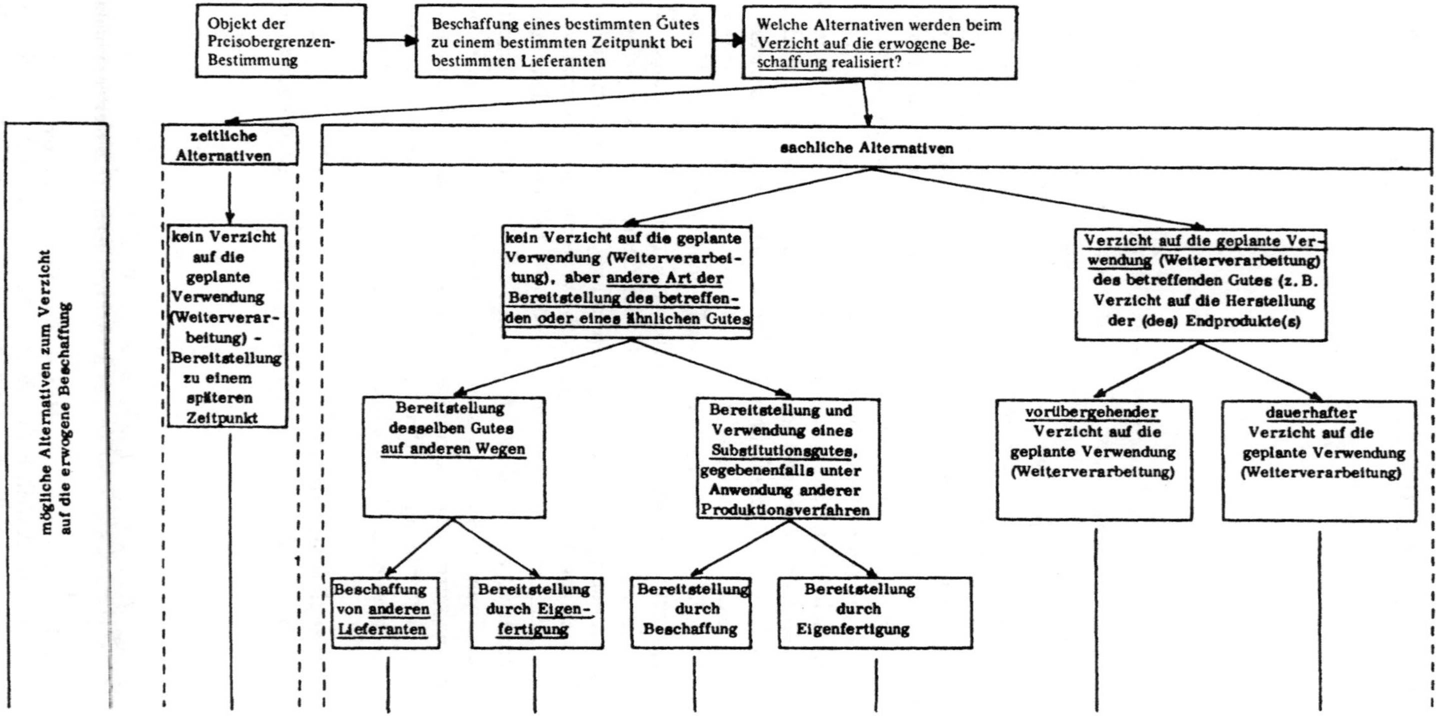

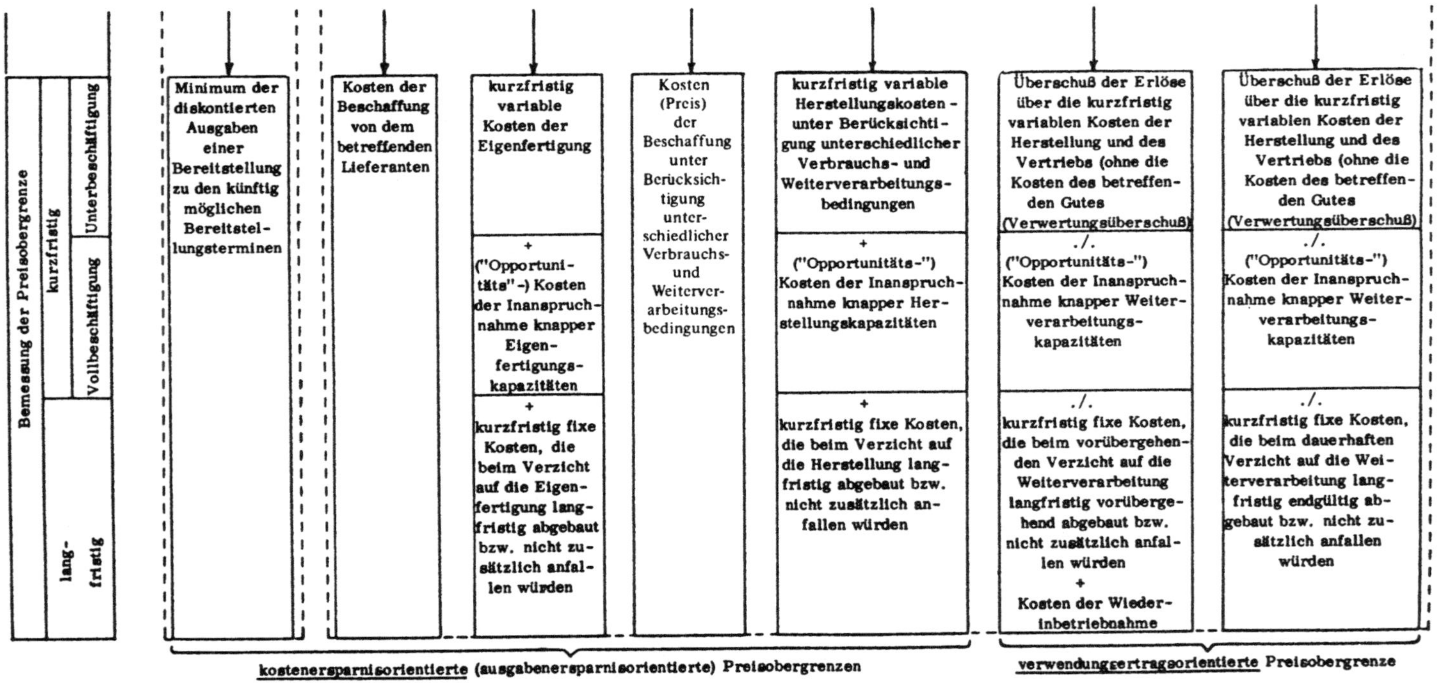
Bemessung der Preisobergrenze
kurzfristig
Unterbeschäftigung
Vollbeschäftigung
lang-fristig
Minimum der diskontierten Ausgaben einer Bereitstellung zu den künftig möglichen Bereitstellungsterminen
Kosten der Beschaffung von dem betreffenden Lieferanten
kurzfristig variable Kosten der Eigenfertigung
+
("Opportunitäts"-) Kosten der Inanspruchnahme knapper Eigenfertigungskapazitäten
+
kurzfristig fixe Kosten, die beim Verzicht auf die Eigenfertigung langfristig abgebaut bzw. nicht zusätzlich anfallen würden
Kosten (Preis) der Beschaffung unter Berücksichtigung unterschiedlicher Verbrauchs- und Weiterverarbeitungsbedingungen
kurzfristig variable Herstellungskosten - unter Berücksichtigung unterschiedlicher Verbrauchs- und Weiterverarbeitungsbedingungen
+
("Opportunitäts-") Kosten der Inanspruchnahme knapper Herstellungskapazitäten
+
kurzfristig fixe Kosten, die beim Verzicht auf die Herstellung langfristig abgebaut bzw. nicht zusätzlich anfallen würden
Überschuß der Erlöse über die kurzfristig variablen Kosten der Herstellung und des Vertriebs (ohne die Kosten des betreffenden Gutes (Verwertungsüberschuß)
./.
("Opportunitäts-") Kosten der Inanspruchnahme knapper Weiterverarbeitungskapazitäten
./.
kurzfristig fixe Kosten, die beim vorübergehenden Verzicht auf die Weiterverarbeitung langfristig vorübergehend abgebaut bzw. nicht zusätzlich anfallen würden
+
Kosten der Wiederinbetriebnahme
Überschuß der Erlöse über die kurzfristig variablen Kosten der Herstellung und des Vertriebs (ohne die Kosten des betreffenden Gutes (Verwertungsüberschuß)
./.
("Opportunitäts-") Kosten der Inanspruchnahme knapper Weiterverarbeitungskapazitäten
./.
kurzfristig fixe Kosten, die beim dauerhaften Verzicht auf die Weiterverarbeitung langfristig endgültig abgebaut bzw. nicht zusätzlich anfallen würden
kostenersparnisorientierte (ausgabenersparnisorientierte) Preisobergrenzen
verwendungsertragsorientierte Preisobergrenze

– *als sachliche Alternativen*

1. der Verzicht auf die geplante Verwendung (Weiterverarbeitung) des betreffenden Gutes
   – und zwar entweder
     a) nur vorübergehend oder
     b) auf Dauer,

2. eine andere Art der Bereitstellung
   – und zwar
     a) die Bereitstellung eines vergleichbaren Substitutionsgutes, die wiederum
        aa) durch Eigenfertigung oder
        bb) durch Fremdbezug erfolgen kann, ferner
     b) die Bereitstellung desselben Gutes auf anderen Wegen, sei es
        aa) durch Selbstherstellung im eigenen Hause oder
        bb) durch Fremdbezug von einem anderen Lieferanten.

Zu der Alternative „Bereitstellung eines vergleichbaren Substitutionsgutes" (2a) wäre im weitesten Sinne auch jener Fall zu rechnen, für den kennzeichnend ist, daß man bei der Herstellung der gewünschten Endprodukte zu einem *anderen Fertigungsverfahren* (zu einem anderen Produktionsprozeß-Typ) übergeht, das (der) den Einsatz der betreffenden Materialart nicht erfordert.
Sind mehrere der vorstehend genannten Alternativen realisierbar, so ergeben sich zunächst auch mehrere verschiedene Ansatzpunkte der Preisobergrenzen-Bestimmung. Wie Abbildung 1 zeigt, muß in diesem Sinne zumindest zwischen solchen Preisobergrenzen, die *von zeitlichen Alternativen abgeleitet* sind, und solchen, die von *sachlichen Alternativen abgeleitet* wurden, unterschieden werden – darüber hinaus weiter zwischen *verwendungsertragsorientierten* und *kostenersparnisorientierten* (bzw. ausgabenersparnisorientierten) Preisobergrenzen.
Die verwendungsertragsorientierten Preisobergrenzen werden durch eine *Verwendungsertragskalkulation* ermittelt, also von den zusätzlichen Verwertungsüberschüssen abgeleitet, die sich aus der Weiterverarbeitung der Beschaffungsobjekte ergeben. Die Beschaffung wird mit den wirtschaftlichen Folgen eines Verzichts auf die Bereitstellung *und* Weiterverarbeitung verglichen. Demgegenüber werden die Preisobergrenzen des zuletztgenannten Typs durch eine *Kostenersparniskalkulation* bestimmt. Sie sind im besonderen Maße „relativ", insofern als sie von den einsparbaren bzw. eingesparten Kosten alternativer Bereitstellungsmöglichkeiten abgeleitet werden.

Von mehreren *„alternativenbezogenen" Preisobergrenzen* ist für die erwogene Beschaffung stets *die niedrigste* vorzugeben. Lohnt es sich beispielsweise, für die geplante Herstellung eines bestimmten Endproduktes notfalls auch ein Substitutionsprodukt zu verwenden, sind also die Bereitstellungs- bzw. Erzeugungskosten für das Substitutionsgut niedriger als der Verwertungsüberschuß der Endproduktherstellung, so ist die für das Beschaffungsobjekt zu ermittelnde Preisobergrenze nicht von dem Verwertungsüberschuß der Endprodukterzeugung, sondern von den Bereitstellungskosten des Substitutionsgutes abzuleiten.

Die Ermittlung der jeweils günstigsten Alternative – jener mit den niedrigsten bzw. mit den geringsten Erfolgseinbußen (im Falle eines Verzichts auf die Be-

Abb. 2: Prüfschema zur Ermittlung der Preisobergrenze für die Beschaffung eines bestimmten Gutes bei einem bestimmten Lieferanten – unter Vernachlässigung der zeitlichen Alternativen –

1. Prüfschritt:
(Ermittlung der optimalen Alternative für den Fall eines Verzichts auf die geplante Weiterverarbeitung)

In den 3. Prüfschritt geht als VÜ ein:

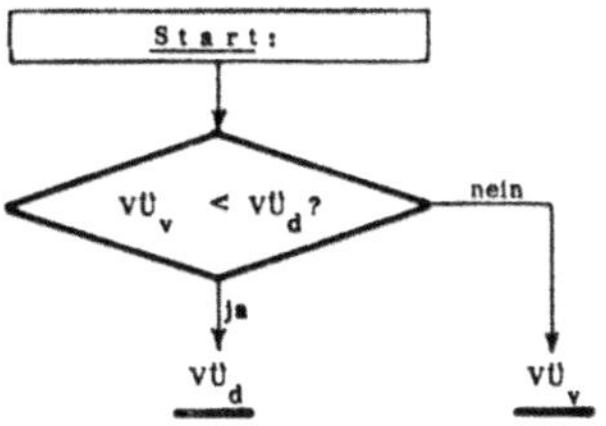

2. Prüfschritt:
(Ermittlung der kostengünstigsten Bereitstellungsmöglichkeit für das Substitutionsgut)

In den 3. Prüfschritt geht als BK_{SG} ein:

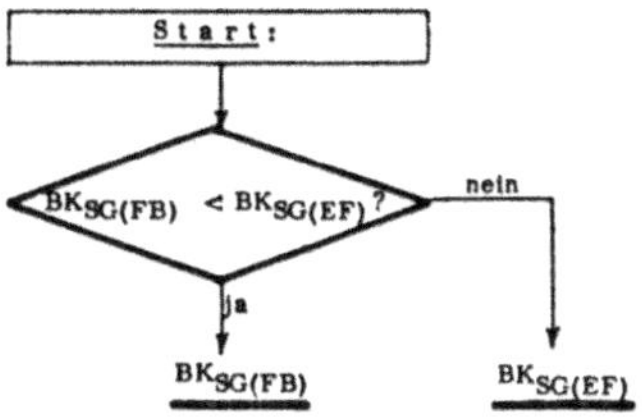

3. Prüfschritt:

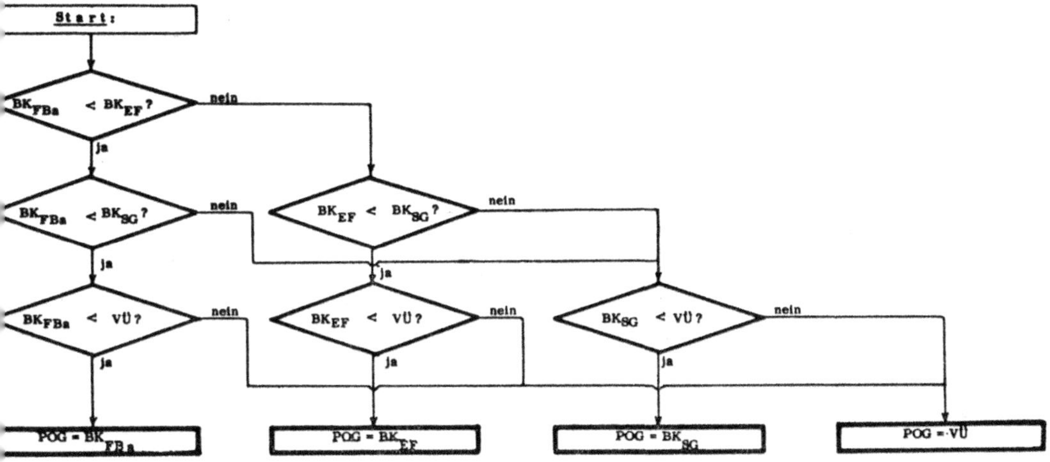

Symbole:

BK	= Bereitstellungskosten
BK_{FBa}	= Kosten des Fremdbezugs bei einem anderen Lieferanten
BK_{EF}	= Kosten der Eigenfertigung
BK_{SG}	= Kosten für die Bereitstellung eines Substitutionsgutes
$BK_{SG(FB)}$	= Kosten für die Bereitstellung eines Substitutionsgutes durch Fremdbezug
$BK_{SG(EF)}$	= Kosten für die Bereitstellung eines Substitutionsgutes durch Eigenfertigung
VÜ	= Verwertungsüberschuß aus der geplanten Weiterverarbeitung des Gutes
$VÜ_v$	= bei einem vorübergehenden Verzicht auf Weiterverarbeitung (pro Leistungseinheit) entgehender Verwertungsüberschuß
$VÜ_d$	= bei einem dauerhaften Verzicht auf Weiterverarbeitung (pro Leistungseinheit) entgehender Verwertungsüberschuß
POG	= Preisobergrenze für die Beschaffung des Bereitstellungsobjektes bei einem bestimmten Lieferanten.

Abb. 3: Bei der Ermittlung von Preisobergrenzen (POG) vorzunehmende Differenzierungen

Differenzierungskriterium		wichtige Differenzierungen		
Objekt der Bereitstellung	Art des Bereitstellungsobjektes	I	(a) Bestimmung von POG für Verbrauchsgüter (Repetierfaktoren)	(b) Bestimmung von POG für Gebrauchsgüter (Potentialfaktoren)
	Zahl der Bereitstellungsobjekte	II	(a) Bestimmung der POG für ein einzelnes Einsatzgut	(b) gleichzeitige Bestimmung der POG für mehrere Einsatzgüter
Fristigkeit der Planungsperiode		III	(a) Bestimmung kurzfristiger POG - bei gegebenen Kapazitäten und gegebener Betriebsbereitschaft (unveränderliche Fixkosten)	(b) Bestimmung langfristiger POG - unter Berücksichtigung der Möglichkeiten des Auf- und Abbaus von Kapazitäten und Betriebsbereitschaft (veränderliche Fixkosten)
Beschäftigungslage des Betriebes		IV	(a) Bestimmung von POG bei Unterbeschäftigung	(b) Bestimmung von POG bei Voll- bzw. Überbeschäftigung
Ansatzpunkte der Preisobergrenzenbestimmung		V	(a) von zeitlichen Alternativen abgeleitete POG	(b) von sachlichen Alternativen abgeleitete POG
		VI - bei V (b) -	(a) von erzielbaren Verwendungsüberschüssen (Verwendungserträgen) abgeleitete POG	(b) von einsparbaren Kosten bzw. Ausgaben ("Opportunitätserträgen") abgeleitete POG
Anzahl der Verwendungsrichtungen der Bereitstellungsobjekte		VII	(a) Bestimmung der POG für Einsatzgüter, die nur in eine einzige Verwendungsrichtung gehen	(b) Bestimmung der POG für Einsatzgüter, die in mehrere Verwendungsrichtungen gehen
Art der Absatzbedingungen		VIII - bei VI (a) -	(a) Bestimmung von POG bei festliegenden Absatzbedingungen (z. B. Preisen, Mengen)	(b) Bestimmung von POG bei noch variablen Absatzbedingungen (z. B. Preisen, Mengen)
Zeitpunkt der Preisobergrenzenbestimmung		IX - bei VIII (a) - - bei VI (a) -	(a) Bestimmung der POG vor der Auftragsannahme	(b) Bestimmung der POG nach der Auftragsannahme

schaffung) – ist um so komplizierter, je zahlreicher die möglichen Alternativen zum Verzicht auf die geplante Beschaffung im konkreten praktischen Einzelfall sind. In Abbildung 2 ist zur Rationalisierung der Lösung dieses Problems für die in Abbildung 1 enthaltenen sachlichen Alternativen ein Prüfschema zur Bestimmung jeweils relevanten Preisobergrenze ausgearbeitet.

Das in Abbildung 1 enthaltene Schema der sachlichen Alternativen zeigt außerdem, daß Preisobergrenzen *auf verschiedenen Ebenen* vorgegeben werden können, so etwa

1. Preisobergrenzen für die Bereitstellung des betreffenden Gutes als Alternative zum Verzicht auf die geplante Verwendung (Preisobergrenze I),
2. Preisobergrenzen für die Bereitstellung des betreffenden Gutes als Alternative zum Verzicht auf die geplante Verwendung oder zur Bereitstellung eines Substitutionsgutes (Preisobergrenze II),
3. Preisobergrenzen, für den Fremdbezug (die Beschaffung) des betreffenden Gutes als Alternative zum Verzicht auf die geplante Verwendung bzw. zur Bereitstellung durch Eigenfertigung (Preisobergrenze III) und schließlich
4. Preisobergrenzen für den Fremdbezug (die Beschaffung) des betreffenden Gutes bei einem bestimmten Lieferanten als Alternative zur Beschaffung bei einem anderen Lieferanten sowie sämtlichen vorgenannten anderen Möglichkeiten (Preisobergrenze IV),

wobei als Beziehung gilt

$$POG_{IV} \leq POG_{III} \leq POG_{II} \leq POG_{I}.$$

Das bedeutet, daß stets die verwendungsertragsorientierte Preisobergrenze (POG_I) die maximale Preisobergrenze darstellt, daß dieser beschaffungspreispolitische Spielraum aber durch weitere Alternativen, wie z. B. durch die Möglichkeit einer Bereitstellung von Substitutionsgütern, durch die Erzeugung im eigenen Hause oder die Beschaffung von anderen Lieferanten, eingeengt werden kann.

Neben den vorstehend bereits angedeuteten Unterschieden sind bei der rechnerischen Ermittlung der Preisobergrenzen im konkreten praktischen Einzelfall noch *eine Reihe weiterer Differenzierungen* vorzunehmen, insgesamt gesehen vor allem jene, die das Schema in Abbildung 3 enthält[20]. Zu den wichtigsten Erscheinungsformen der Preisobergrenzen-Bestimmung, die sich aus diesen Differenzierungen ergeben, soll im folgenden kurz Stellung genommen werden, allerdings – dem Thema gemäß – *nur für die Bereitstellung von Verbrauchsgütern* wie Rohstoffe, Hilfsstoffe, Betriebsstoffe, Teile, Zwischenprodukte und dergleichen. Für die Bereitstellung von Gebrauchsgütern (Potentialfaktoren), wie beispielsweise Maschinen, Apparaturen, Vorrichtungen und andere Anlagen, gelten jedoch die weiteren Ausführungen weitgehend analog. So bestimmt sich beispielsweise die verwendungsertragsorientierte Preisobergrenze für die Bereitstellung eines Potentialfaktors aus

20 Darauf, daß man bei der Ermittlung der Preisobergrenze nach der Beschäftigungslage des Betriebes und nach der Fristigkeit der Betrachtung differenzieren muß, wird auch in dem Buch „Kostenrechnung in der Chemischen Industrie“ (auf S. 222) hingewiesen.

dem Überschuß des Barwertes der Erträge über den Barwert der laufenden Ausgaben.

Zunächst wird im folgenden eine Beschränkung auf die *Preisobergrenzen-Bestimmung für ein einzelnes Einsatzgut* vorgenommen; es wird also mit der Prämisse gearbeitet, daß die Preise (Kosten) für die übrigen Eisatzgüter des betreffenden Kombinationsprozesses bereits als konstante Größen festliegen[21].

21 Zur gleichzeitigen Bestimmung der Preisobergrenze für mehrere Einsatzgüter vgl. Abschnitt VI.

III. Die Ableitung von Preisobergrenzen für ein einzelnes Einsatzgut von zeitlichen Alternativen

Wenn davon auszugehen ist, daß auch in künftigen Perioden noch Bedarf an dem betreffenden Beschaffungsobjekt besteht, und wenn aus diesem Grund über die Befriedigung des Bedarfs der laufenden Periode hinaus eine Beschaffung auf Lager erwogen wird, so besteht die Alternative zum Verzicht auf einen solchen Einkauf in der laufenden Periode unter Umständen – sofern keine günstigeren sachlichen Alternativen existieren – in der Beschaffung auf demselben Weg in der (den) nächsten Periode(n). Die Preisobergrenze zum Zeitpunkt t (POG_t) ergibt sich unter solchen Bedingungen als Minimum der diskontierten Preise einer Beschaffung zu den künftig möglichen Beschaffungsterminen, also aus

$$POG_t = \min_{x \varepsilon X} \left\{ \frac{P_{t+x}}{(1+i)^x} \right\},$$

bei:

x = Anzahl der Perioden, die bis zu einer alternativ in Betracht kommenden Beschaffung in der Zukunft verstreichen,
X = Menge aller möglichen Beschaffungstermine (Menge aller x),
i = Kalkulationszinsfuß,
P = Preis einer Beschaffung in künftigen Perioden.

Das gilt allerdings – wie unmittelbar einleuchtet – nur unter der Prämisse, daß der Verzicht auf den Einkauf in der laufenden Periode, also eine Aufschiebung der Bedarfsdeckung, nicht mit irgendwelchen Einnahmeausfällen bzw. mit dem Entgang von Deckungsbeiträgen verbunden ist bzw. daß es wegen einer solchen späteren Bereitstellung nicht zum Verlust irgendwelcher Kunden kommt.

Die so fixierte, von zeitlichen Alternativen abgeleitete Preisobergrenze kann vor allem bei erwarteten starken Preissteigerungen über dem gegenwärtigen Beschaffungspreis liegen und dann zu spekulativen Einkäufen in der laufenden Periode Anreiz geben. Das Prinzip der Ermittlung solcher von ersparten künftigen Beschaffungskosten abgeleiteten Preisobergrenzen entspricht in seinem sachlichen Kern dem „concept of future benefit" der Bewertung von Lagerbeständen[22].

22 Einzelheiten hierzu vgl. bei *Männel,* Wolfgang: Möglichkeiten und Grenzen des Rechnens mit Opportunitätserlösen, in: Beiträge zur betriebswirtschaftlichen Ertragslehre, Festschrift zum 70. Geburtstag von Erich Schäfer, hrsg. v. Paul Riebel, Opladen 1971, S. 201–245, hier insbesondere S. 216–218 und die dort angegebene Literatur.

IV. Die Ableitung kurzfristiger Preisobergrenzen für ein einzelnes Einsatzgut von sachlichen Alternativen

1. Verwendungsertragsorientierte Preisobergrenzen

a) Vor Annahme eines Auftrags ermittelte verwendungsertragsorientierte Preisobergrenzen

Die Ermittlung verwendungsertragsorientierter Preisobergrenzen ist stets eine retrograde Kalkulation. In der Literatur, die erste Beiträge zur Preisobergrenzen-Bestimmung lieferte, wird teilweise – so zum Beispiel von Mellerowicz[23] – eine solche Kalkulation der Preisobergrenze auf Basis der traditionellen Vollkosten- und

Abb. 4: Beispiel für die Ermittlung verwendungsertragsorientierter Preisobergrenzen nach den Prinzipien der traditionellen Vollkosten- und Nettoergebnisrechnung*)

*) Vgl. Mellerowicz, Konrad: Kosten und Kostenrechnung, II. Teil: Verfahren, Berlin 1958, S. 166.
Das Beispiel stellt ab auf die retrograde Kalkulation der Preisobergrenze für Stahlblech zur Fertigung von 100 Werkzeugen (Leistungsart a)

1	Verkaufspreis des Werkzeugs		408,61 DM
	./. kalkulierter Gewinn		
2	(10 % auf Hundert von 371,46 DM)		37,15 DM
3			371,46 DM
	./. 10,4 % Verwaltungs- und Vertriebskosten, kalkuliert als Zuschlag zu den Herstellkosten		
4	(% auf Hundert von 336,47 DM)		34,99 DM
5	Herstellkosten		336,47 DM
6	./. Akkordlohn	63,50 DM	
	+ 215 % Fertigungsgemein-		
7	kosten (Lohnzuschlag)	136,53 DM	200,03 DM
8	Preis für Material insgesamt (ohne Stahlblech)		136,44 DM
9	./. 11,4 % (auf Hundert) Materialgemeinkosten		13,96 DM
10	möglicher Nachfragepreis für den Gesamtbedarf an Einzelmaterial (Stahlblech)		122,48 DM
11	für die Fertigung benötigte Menge an Stahlblech	177 kg	
12	Preisobergrenze für 100 kg Stahlblech		69,20 DM

23 Vgl. *Mellerowicz,* K.: Kosten und Kostenrechnung, S. 166.

Nettoergebnisrechnung vorgeschlagen, wie sie durch das Beispiel in Abbildung 4 für Leistungsart a (bestimmte Werkzeuge) veranschaulicht wird. Gegen eine Kalkulation nach derartigen Grundsätzen sind die prinzipiellen Einwände gegen ein Arbeiten mit dem traditionellen System der Kosten- und Leistungsrechnung zu erheben, insbesondere

1. daß in einer solchen Kalkulation, vor allem in den Verwaltungs-, Vertriebs-, Fertigungs- und Materialgemeinkosten fixe Kosten enthalten sind, die auf kurze Sicht – also bei gegebenen Kapazitäten und gegebener Betriebsbereitschaft – auch beim Verzicht auf die Beschaffung und Weiterverarbeitung des betreffenden Gutes nicht wegfallen würden bzw. nicht weggefallen wären, und
2. daß in Form des kalkulatorischen Gewinns ungerechtfertigterweise mehr oder weniger große „Sollgewinne“ in die Kalkulation einbezogen werden, während die Beschaffung und Weiterverarbeitung des betreffenden Gutes doch bereits dann rentabel wäre, wenn sie gegenüber der Verzichtsalternative einen infinitesimal kleinen zusätzlichen Erfolg erbringen würde.

Hieraus folgt, daß die nach den Prinzipien der Vollkostenrechnung bestimmten Preisobergrenzen in der Regel – vor allem in Zeiten der Unterbeschäftigung – zu niedrig sind. Richtige kurzfristige verwendungsertragsorientierte Preisobergrenzen sind zwar retrograd (durch Rückrechnung) ausgehend von den Erträgen zu kalkulieren, aber nach den Grundsätzen der Deckungsbeitragsrechnung[24], also von dem Überschuß der Einzelerlöse über die zusätzlichen kurzfristig variablen Kosten[25] (genauer: Einzelkosten) abzuleiten[26], denn bei der Bestimmung *kurzfristiger* Preisobergrenzen ist von einem *gegebenen Potentialfaktorbestand* auszugehen, also davon, daß keine fixen Kosten abgebaut werden können. In Abbildung 5 wird dies am Beispiel der Leistungsart b zunächst (in den Zeilen 1 bis 11) für den Fall der Unterbeschäftigung und dann (in den Zeilen 12 bis 15) für den Fall der Vollbeschäftigung erläutert. Diesem Beispiel liegt folgende Ausgangssituation zugrunde: Eine einstufige Unternehmung stellt aufgrund ihrer vorläufigen Produktions- und Absatzpläne fest, daß sie noch über eine nicht ausgelastete Restkapazität von 44 Maschinenstunden verfügt. Man hat daher einem Kunden zusätzlich die Lieferung einer bestimmten Menge des Endproduktes A angeboten. Würde der Kunde dieses Angebot annehmen, könnte man die noch freien 44 Maschinenstunden voll auslasten und dabei zusätzliche Erfolge (Deckungsbeiträge) in Höhe von 150,– DM/Maschinenstunde erzielen. Eine Zusage des Kunden liegt aber noch nicht vor.

Deshalb ist man erfreut darüber, daß ein anderer Abnehmer anfragt, ob ihm 110 Leistungseinheiten des Endproduktes B geliefert werden könnten – zu den in

24 In diese Richtung zielt auch die Kritik von J. *Hauschildt:* Die Bestimmung von Preisobergrenzen, S. 236 ff.

25 Die Ermittlung der Preisobergrenze setzt also ebenfalls eine Gliederung der Kosten nach Kostenabhängigkeiten voraus. Vgl. dazu auch „Kostenrechnung in der Chemischen Industrie“, S. 22.

26 Unter Berücksichtigung des Zeitmoments wäre zu fordern, den Überschuß des Barwertes der zusätzlichen (Weiterverarbeitungs-) Einnahmen über den Barwert der zusätzlichen (Weiterverarbeitungs-) Ausgaben (den Brutto-Kapitalwert) als Preisobergrenze vorzugeben. Das gilt insbesondere für Güter, die noch lange gelagert oder aus irgendwelchen Gründen besonders frühzeitig beschafft werden bzw. die grundsätzlich eine lange Durchlaufzeit haben, sowie – darauf wurde eingangs schon hingewiesen – für die Bereitstellung von Potentialfaktoren.

Abb. 5: Beispiel für die Ermittlung der kurzfristigen verwendungsertragsorientierten Preisobergrenze für einen Einsatzstoff, der nur zu einem Endprodukt weiterverarbeitet wird.

Ausgangssituation:

Eine einstufige Unternehmung stellt aufgrund ihrer vorläufigen Produktions- und Absatzpläne fest, daß sie noch über eine nicht ausgelastete Restkapazität von 44 Maschinenstunden verfügt. Man hat daher einem Kunden zusätzlich die Lieferung einer bestimmten Menge des Produktes A angeboten. Würde der Kunde dieses Angebot annehmen, könnte man die noch freien 44 Maschinenstunden voll auslasten und dabei zusätzliche Erfolge (Deckungsbeiträge) in Höhe von 150,– DM/Maschinenstunde erzielen. Eine Zusage des Kunden liegt aber noch nicht vor.

Deshalb ist man erfreut darüber, daß ein anderer Abnehmer anfragt, ob ihm 110 LE des Endproduktes B geliefert werden könnten – zu den unten angegebenen Produktions- und Absatzbedingungen. Auch dieser Auftrag würde die noch freien Restkapazitäten gerade voll auslasten. Produkt B müßte aus dem Einsatzstoff b erzeugt werden, für den man nunmehr dringend einen geeigneten Lieferanten sucht (Eigenfertigung ist unmöglich).

Wie hoch ist die Preisobergrenze für die Beschaffung des Stoffes b?

Ermittlung der Preisobergrenze für b, ausgehend von dem auf B bezogenen Verwertungsüberschuß

		DM je LE	DM in der Periode
1	NETTO-UMSATZ	295,38	32.492
	./. umsatzabhängige Kosten		
2	Versandverpackung und Frachten	11,82	1.300
3	Provisionen	8,86	975
4	Lizenzen	2,--	220
5	REDUZIERTER NETTO-UMSATZ	272,70	29.997
	./. erzeugungsabhängige Kosten		
6	Energiekosten	6,30	693
7	Produktverpackung	5,60	616
8	Stoffkosten ohne Kosten für Stoff b	103,20	11.352
9	VERWERTUNGSÜBERSCHUSS bezogen auf B	157,60	17.336
10	für eine LE B benötigt man 1,6 LE b		
11	VERWERTUNGSÜBERSCHUSS bezogen auf eine LE b (157,60/1,6)	98,50	

Zeile 11 beinhaltet die Preisobergrenze bei Unterbeschäftigung (für den Fall, daß der Auftrag über Produktart A nicht zustandekommt).

12	bei Herstellung von B in Anspruch genommene Maschinenkapazitäten	0,40	44
13	"Opportunitätskosten" der Kapazitätsinanspruchnahme für den Fall, daß man auch Produktart A absetzen könnte (bei Herstellung von B verdrängte Deckungsbeiträge): 150 DM/Std. x 0,40 bzw. 44 Std.	60,--	6.600
14	"NETTO"-VERWERTUNGSÜBERSCHUSS bezogen auf B (Zeile 9 ./. Zeile 13)	97,60	10.736
15	"NETTO"-VERWERTUNGSÜBERSCHUSS bezogen auf b (97,60/1,6)	61,--	10.736

Zeile 15 beinhaltet die Preisobergrenze bei Vollbeschäftigung (für den Fall, daß man alternativ auch die Produktart A absetzen könnte).

der Abbildung 5 angegebenen Produktions- und Absatzbedingungen. Dieser Auftrag würde die noch freien Restkapazitäten gerade voll auslasten. Produkt B müßte aus dem Einsatzstoff b erzeugt werden, für den man nunmehr dringend einen geeigneten Lieferanten sucht, da eine Eigenfertigung dieses Rohstoffs unmöglich ist.

Die Zeilen 1 bis 11 lassen erkennen, wie die Preisobergrenze für den Fall der Unterbeschäftigung zu bestimmen ist, also für die Möglichkeit, daß der Auftrag über die Produktart A nicht zustandekommt. Demgegenüber demonstriert die Fortführung der Tabelle in den Zeilen 12 bis 15 die Ermittlung der Preisobergrenze bei Vollbeschäftigung, also für den Fall, daß man nicht nur die Endproduktart B, sondern alternativ auch die Produktart A absetzen könnte. Man ersieht hieraus, daß bei knappen Kapazitäten vom Verwertungsüberschuß noch die Opportunitätskosten der Kapazitätsinanspruchnahme (die möglichen Alternativverträge) in Abzug gebracht werden müssen[27], im Beispielfall die verdrängten Deckungsbeiträge der Leistungsart A. Je *höher* diese sind, um so *niedriger* ist die Preisobergrenze.

Da die Opportunitätskosten langfristig nicht konstant bleiben, sondern mit Art und Umfang der Kapazitätsauslastung schwanken, wird eine längerfristige Vorgabe von Preisobergrenzen an dezentrale Instanzen, wie etwa den Einkauf, erschwert. Vor allem in Mehrproduktbetrieben mit mehreren Kapazitätsengpässen lassen sich die Preisobergrenzen nur im Zusammenhang mit der Planung des Produktionsprogramms bestimmen, wobei dann offenkundig wird, daß die Preisobergrenze für einen einzelnen Einsatzstoff vom Gesamtprogramm der Unternehmung abhängig ist[28]. Ändert sich das Programm, ändern sich auch die Preisobergrenzen, da andere Opportunitätskostenwerte entstehen.

Daß bei der Preisobergrenzen-Bestimmung auch die Beschaffungsnebenkosten sowie die beim Einkauf erzielbaren Preisnachlässe und dergl. entsprechend zu berücksichtigen sind, braucht nicht näher ausgeführt zu werden. Die Obergrenze des Bruttoeinkaufspreises erhält man, indem man zunächst von der Obergrenze des Einstandspreises die Beschaffungsnebenkosten abzieht und dann hierzu die erzielbaren Preisnachlässe, Skonti usw. hinzurechnet[29]. Dabei sind allerdings von den Beschaffungsnebenkosten ebenfalls nur die variablen Kostenelemente in Ansatz zu bringen, und es ist zu berücksichtigen, daß diese – entgegengesetzt der in der Praxis weit verbreiteten Übung – nicht einfach als prozentualer Zuschlag zum Materialwert zu verrechnen sind. Hierin liegen Ungenauigkeiten, die vermieden werden sollten. Denn die effektive Höhe der beschaffungsbedingten Kosten (wie z. B. die Eingangsfrachten, die separat berechneten Verpackungskosten, die Kosten der

27 Ein einfaches Beispiel zur Ableitung einer verwendungsertragsorientierten Preisobergrenze für ein einzelnes Einsatzgut im Falle der Vollbeschäftigung findet sich auch bei Walther *Busse* von *Colbe* und Franz *Eisenführ:* Preisgrenzen, Ermittlung von, in: Handwörterbuch des Rechnungswesens, hrsg. v. Erich Kosiol, Stuttgart 1970, Sp. 1424 bis 1430, hier Sp. 1427 f.

28 Vgl. hierzu auch *Reichmann,* Th.: Kostenrechnung und Preisgrenzen, S. 293 ff. – *Ders.:* Die Planung von Preisgrenzen, S. 798 ff.

29 Vgl. hierzu die Ausführungen über die „retrograde Beschaffungs- bzw. Bezugskalkulation" von *Kosiol,* Erich: Bezugskalkulation, in: Lexikon des kaufmännischen Rechnungswesens, hrsg. v. Karl Bott, 2. Aufl., Erster Band, Sp. 499–528, hier vor allem Sp. 522 ff., sowie *Marzen,* Walter: Beschaffungskalkulation, in: Handwörterbuch des Rechnungswesens, hrsg. v. Erich Kosiol, Stuttgart 1970, Sp. 137–146, hier besonders Sp. 145.

Transportversicherung, Zölle und dergl.) steht keineswegs in einem proportionalen Verhältnis zum Wert solcher Stoffe. Sie ist eher von Art und Menge der beschafften Güter sowie von den speziellen Beschaffungsbedingungen (z. B. vom Transportweg und den Transportverfahren) abhängig.

Festzuhalten ist außerdem, daß es bei der Ermittlung verwendungsertragsorientierter Preisobergrenzen *zu keiner irgendwie gearteten Erlösspaltung* kommen darf. Dem Kalkulationsobjekt sind nicht nur irgendwie abgespaltene Teilerlöse zuzurechnen. Vielmehr sind hierauf stets die *gesamten* Erlöse aus der Weiterverarbeitung abzüglich der *gesamten* sonstigen Kosten der Weiterverarbeitung zu projizieren. Streng genommen wären sogar *mögliche indirekte Erlöse bzw. Erlöseinbußen* (wie der Wegfall künftiger Erlöse durch Streichung von Aufträgen oder totaler Abwanderung von Kunden zur Konkurrenz im Falle eines Verzichts auf die Herstellung des betreffenden Produktes) zu berücksichtigen. Unter Beachtung dieser Fakten läßt sich die Auffassung vertreten, daß die für die Bestimmung verwendungsertragsorientierter Preisobergrenzen erforderliche Erlöszurechnung in der Regel schwieriger ist als die für die Bestimmung von Preisuntergrenzen erforderliche Zurechnung von Kosten[30]. Darauf möchte ich an dieser Stelle vor allem deshalb mit Nachdruck hinweisen, weil man sich mit dem besonderen Problem der Zurechnung von Erlösen auf Leistungsarten und Leistungseinheiten in der Betriebswirtschaftslehre bisher ohnehin viel zu wenig befaßt hat. In gleicher Weise gilt dies auch für die bisher ebenfalls sehr stiefmütterlich behandelte Zurechnung von Erlösschmälerungen, deren besondere Probleme ich in einigen meiner letzten Schriften aufgezeigt habe[31].

Bei Einsatzgütern, die alternativ *mehreren verschiedenen Verwendungsrichtungen* zugeführt werden können, wird die Preisobergrenzen-Ermittlung dadurch erschwert, daß die auf eine Leistungseinheit des betreffenden Gutes bezogenen Verwertungsüberschüsse in aller Regel je nach Art der Weiterverarbeitung unterschiedlich hoch sein werden. In solchen Situationen wäre es verfehlt, einfach mit der sich für den Durchschnitt aller Verwendungsrichtungen ergebenden Preisobergrenze zu operieren[32], vor allem dann, wenn über die verschiedenen Verwendungsmöglichkeiten separat disponiert werden kann[33]. Vielmehr muß man erkennen, daß man statt eines eindeutigen Preisobergrenzen-Wertes je Leistungseinheit nur eine Preisobergrenzen-Funktion angeben kann[34]. Je niedriger der Beschaffungspreis ist, desto größere Mengen lohnen sich einzukaufen, da um so mehr Verwendungsrichtungen (um so mehr Weiterverarbeitungsmöglichkeiten) rentabel werden, wie dies das Beispiel in Abbildung 6 veranschaulicht. Das Beispiel stellt auf einen Mehrprodukt-

30 Vgl. *Heine*, B.: Die Preisobergrenze im Einkauf, S. 8

31 Vgl. *Männel*, Wolfgang: Kundenskonti im entscheidungsorientierten Rechnungswesen, Herne/Berlin 1971. – *Ders.:* Mengenrabatte in der entscheidungsorientierten Erlösrechnung, Opladen 1974.

32 Siehe dazu auch den einschlägigen Hinweis von W. *Busse* von *Colbe* und F. *Eisenführ:* Preisgrenzen, Sp. 1428.

33 Diesbezüglich unterliegt J. *Hauschildt* (Die Bestimmung von Preisobergrenzen, S. 243 f.) einem Irrtum, denn er schlägt vor, die Preisobergrenze in solchen Situationen vom durchschnittlichen Verwendungsertrag je Leistungseinheit abzuleiten.

34 Vgl. auch den einschlägigen Hinweis von W. *Busse* von *Colbe* und F. *Eisenführ:* Preisgrenzen, Sp. 1424.

betrieb der Sortenfertigung ab, der in der Planungsperiode die in Zeile 1 angegebenen Mengen der Varianten des Endproduktes C absetzen und auch produzieren kann. Die vorhandenen Kapazitäten wären bei einem solchen Produktionsprogramm nicht voll ausgelastet. Unter Berücksichtigung der in den Zeilen 1 bis 13 ausgewiesenen Angaben über Mengen, Preise, Kosten usw. ist für den Einsatzstoff c, der für die Herstellung aller Endprodukte benötigt wird, die Preisobergrenze zu bestimmen.

Dies erfordert zunächst in einem ersten Schritt die Ermittlung des pro Leistungseinheit c erzielbaren Verwertungsüberschusses, wie sie aus Abbildung 6a entnom-

Abb. 6: Beispiel für die Ermittlung kurzfristiger verwendungsertragsorientierter Preisobergrenzen für einen Einsatzstoff, der zu verschiedenen Endprodukten weiterverarbeitet wird – bei unterbeschäftigten Weiterverarbeitungskapazitäten
– Beträge: Zeilen 3–14: DM in der Periode; Zeile 15: DM/LE –

Ausgangssituation:

Ein Mehrproduktbetrieb der Sortenfertigung erwartet, in der Planungsperiode die in Zeile 1 angegebenen Mengen der Varianten des Produktes C absetzen und produzieren zu können. Die vorhandenen Kapazitäten wären dabei nicht voll ausgelastet. Unter Berücksichtigung der unten angegebenen Produktions- und Absatzbedingungen ist *für den Einsatzstoff c die Preisobergrenze zu bestimmen!*

Abb. 6a: Die Angabe in Spalte 1 der Zeile 15 ist das gewogene arithmetische Mittel

	Endprodukte →	Σ	C_1	C_2	C_3	C_4	C_5	C_6
1	Produktions- und Absatzmengen (in LE)	865	200	180	75	50	240	120
2	Verbrauch an Stoff c (in LE) für die Endprodukterzeugung in der Periode	288,20	80,80	26,64	36,90	17,50	60,96	65,40
3	BRUTTO-UMSATZ	352.340	105.409	56.505	28.832	16.313	108.293	36.988
4	./. Rabatte	16.284	4.811	2.550	1.325	815	5.019	1.764
5	./. Skonti	6.194	1.758	911	480	294	2.088	663
6	NETTO-UMSATZ	329.862	98.840	53.044	27.027	15.204	101.186	34.561
	./. umsatzabhängige Kosten							
7	Versandverpackung und Frachten	13.194	3.954	2.122	1.081	608	4.047	1.382
8	Provisionen	9.896	2.965	1.591	811	456	3.036	1.037
9	Lizenzen	3.930		1.820	1.318			792
10	REDUZIERTER NETTO-UMSATZ	302.842	91.921	47.511	23.817	14.140	94.103	31.350
	./. erzeugungsabhängige Kosten							
11	Energiekosten	5.215	2.016	935	412	110	1.427	315
12	Produktverpackung	10.407	3.200	2.508	919	388	1.976	1.416
13	Stoffkosten außer für Stoff c	85.045	20.403	22.310	8.716	7.712	15.380	10.524
14	VERWERTUNGSÜBERSCHUSS - bezogen auf C_1 - C_6	202.175	66.302	21.758	13.770	5.930	75.320	19.095
15	VERWERTUNGSÜBERSCHUSS - bezogen auf eine LE c (= Zeile 14/Zeile 2)	(702)	821	817	373	339	1.236	292
16	Rang		2.	3.	4.	5.	1.	6.

men werden kann. Aus der Zeile 15 dieser Abbildung geht hervor, daß der Verwertungsüberschuß des Rohstoffs c bei einer Weiterverarbeitung zur Endproduktsorte C_5 am höchsten, bei einer Weiterverarbeitung zur Endproduktsorte C_6 am niedrigsten ist.

Abbildung 6b veranschaulicht die Preisobergrenzen-Funktion für den Einsatzstoff c.

Um präzise zu sein, sei an dieser Stelle noch mit Nachdruck betont, daß im Beispielfall der Abbildung 6 unterstellt ist, daß zwischen den Endprodukten C_1–C_6 keinerlei Produktions- bzw. Absatzverbundenheit besteht. Insbesondere die Nachfrage nach den einzelnen Produktvarianten ist völlig unverbunden.

Abb. 6b: Preisobergrenzen-Funktion für den Einsatzstoff c

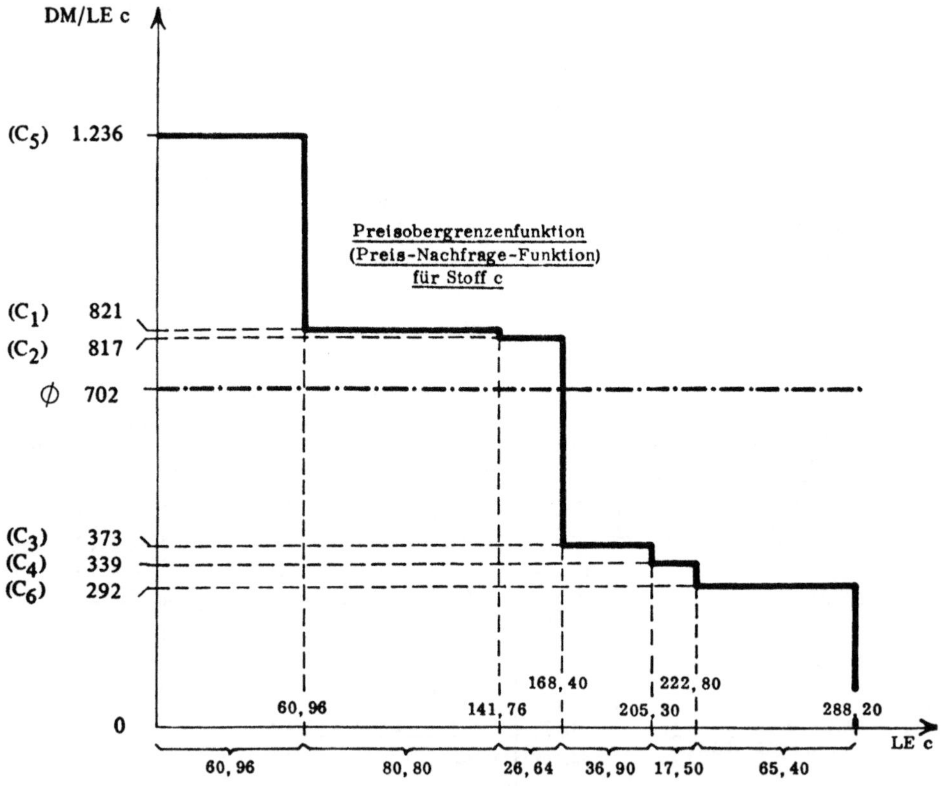

Beschaffungsmenge in Abhängigkeit vom Beschaffungspreis

Verwendung der beschafften Mengen von c: Herstellung von

C_5	C_5	C_5	C_5	C_5	C_5
	C_1	C_1	C_1	C_1	C_1
		C_2	C_2	C_2	C_2
			C_3	C_3	C_3
				C_4	C_4
					C_6

Abb. 6c: Preisobergrenzen-Funktion für Stoff c bei einem Lagervorrat von 120 LE

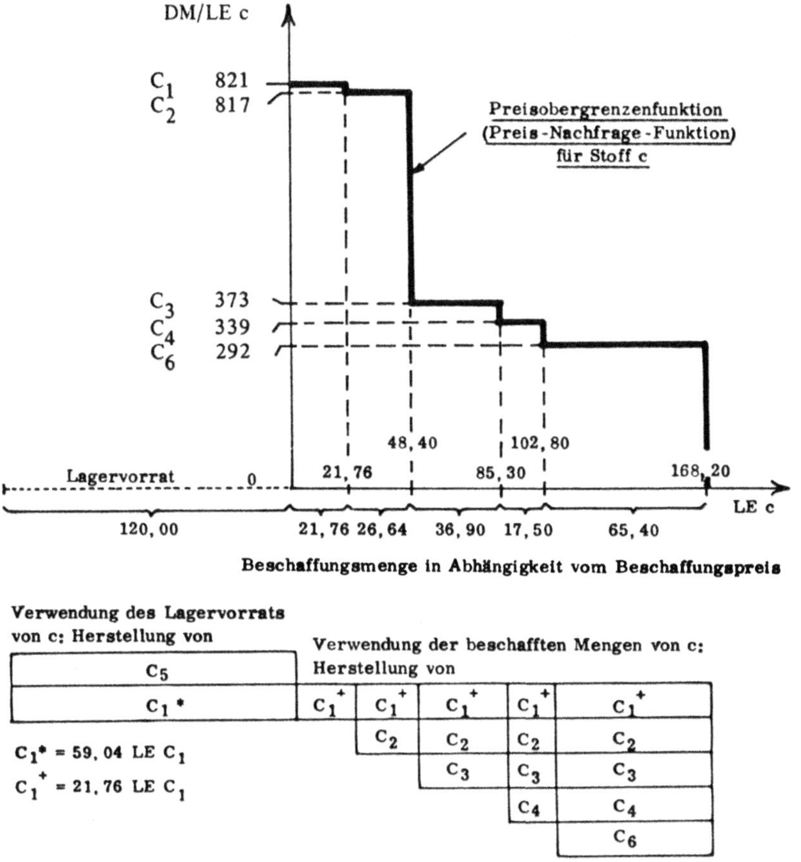

Liegen von einer Materialart noch bestimmte – möglicherweise zu niedrigen Preisen beschaffte – Mengen *auf Lager*[35], so ist bei der Ermittlung der Preisobergrenze für zusätzlich zu beschaffende Mengen zu bedenken, daß zunächst diese vorhandenen Materialvorräte den besten Verwendungsmöglichkeiten zugeführt werden. Dabei beeinflußt die Vorratsmenge die Gestalt der Preisobergrenzen-Funktion. Lägen etwa im Beispielfall der Abbildung 6 noch 120 LE der Leistungsart auf Lager, so ergäbe sich eine Preisobergrenzen-Funktion, deren Nullpunkt auf der Abszisse der Abbildung 6b um 120 LE nach rechts verschoben ist (vgl. dazu Abbildung 6c). Der Einkauf würde sich also erst ab einem Preis unter 821,– DM/LE lohnen. Bereits dieser beispielhafte Hinweis zeigt, daß es – im Gegensatz zu der Auffassung von Reddewig und Dubberke – irrig ist anzunehmen, daß das Vor-

35 Auf die Bestimmung von Preisobergrenzen für die Produktionsfaktoren, von denen noch ein Vorrat vorhanden ist, von denen also lediglich über einen gegebenen Vorrat hinaus zusätzliche Mengen beschafft werden müssen, verweist auch J. *Hauschildt:* Die Bestimmung von Preisobergrenzen, S. 240 f.

handensein von Materialvorräten dem Einkauf einen größeren preispolitischen Dispositionsspielraum verschafft[36]. Diese Autoren sind der Meinung, daß eine Unternehmung, die noch über Materialvorräte verfügt, welche zu unter der Preisobergrenze liegenden Preisen beschafft wurden, den Verkaufspreis ihrer Erzeugnisse erst langsam auf die notwendige Höhe zu steigern braucht, daß sie also die Preiserhöhung der Einsatzstoffe nicht sofort und unmittelbar an ihre Kunden weitergeben muß. Das setzt allerdings eine Kalkulation auf Basis der historischen Anschaffungspreise voraus. Diese Art des Kalkulierens würde jedoch den Erfordernissen einer Substanzerhaltung völlig widersprechen.

Geht eine Materialart in mehrere Verwendungsrichtungen, so ist die Struktur der Preisobergrenzen-Funktion regelmäßig auch *von der Beschäftigungslage der Weiterverarbeitungskapazitäten des betreffenden Einsatzgutes abhängig.* Es ergibt sich nämlich unter Umständen eine völlig *andere Rangfolge der Verwendungszwecke,* sofern für knappe Weiterverarbeitungskapazitäten andere Opportunitätskosten anzusetzen sind, wenn sich also beispielsweise in einem bisher unterbeschäftigten Betrieb die Möglichkeit eröffnet, in großem Umfang Lohnarbeit „als Lückenfüller" zur Sicherung der Vollbeschäftigung zu übernehmen, wie dies für das modifizierte Beispiel der Abbildungen 6a und b unter Vernachlässigung möglicher Lagervorräte in Abbildung 7 unterstellt ist. Diese Abbildung basiert auf der Prämisse, daß für den Einsatzstoff c wiederum die Preisobergrenze bzw. die Preisobergrenzen-Funktion zu bestimmen ist, jedoch nunmehr unter der Bedingung einer Vollauslastung der Kapazitäten für die Weiterverarbeitung des Einsatzstoffes zu den Endprodukten C_1–C_6. Diese Bedingung ergibt sich deshalb, weil über die Erzeugung der Produktgruppe C hinaus von der Unternehmung als „Lückenfüller" jederzeit in unbegrenztem Umfang Lohnaufträge übernommen werden können, die dieser Unternehmung einen Deckungsbeitrag von 36,– DM/Std. erbringen.

Wie man sieht, würde sich die Herstellung des Endproduktes C_2 auch bei einer kostenlosen Beschaffung des Einsatzstoffes c angesichts der anderweitigen Kapazitätsverwendungsmöglichkeiten nicht lohnen (vgl. Abbildung 7a). Aus diesem Grund ergibt sich im Vergleich zu dem in den Abbildungen 6a und 6b enthaltenen Beispiel eine modifizierte Preisobergrenzen-Funktion, die in Abbildung 7b dargestellt ist.

Das Nebeneinander mehrerer Weiterverarbeitungsmöglichkeiten erschwert ebenfalls die Vorgabe von Preisobergrenzen für dezentrale Instanzen: Der Einkauf kann nur dann selbständig darüber befinden, bis zu welchem Preis er bei der Beschaffung gehen kann, wenn ihm neben der Größe des Bedarfs auch dessen Aufteilung auf die verschiedenen Verwendungsrichtungen bekannt ist.

Weitere Besonderheiten ergeben sich, wenn die verschiedenen Verwendungsmöglichkeiten eines Einsatzgutes, für das die Preisobergrenze zu bestimmen ist, nicht separat disponierbar, sondern derart *aneinander gekoppelt* sind, daß entweder nur alle von ihnen zusammen realisiert werden können oder keine von ihnen. In einer solchen Situation bestimmt sich die Preisobergrenze aus dem durchschnittlichen Verwendungsertrag je zu beschaffende Mengeneinheit (dem gewogenen arithmetischen Mittel der auf die Leistungseinheit bezogenen Verwertungsüberschüsse). In

36 Vgl. G. *Reddewig* und H.-A. *Dubberke:* Einkaufsorganisation, S. 94.

Abb. 7: Die Ermittlung kurzfristiger verwendungsertragsorientierter Preisobergrenzen für einen Einsatzstoff, der zu verschiedenen Endprodukten weiterverarbeitet wird – bei knappen Weiterverarbeitungskapazitäten (Modifikation des Beispiels in Abb. 6)
– Beträge: Zeilen 14, 16 und 17: DM in der Periode, Zeile 19: DM/LE –

Für den Einsatzstoff c ist wiederum die Preisobergrenze zu bestimmen, jedoch nunmehr unter der Annahme, daß die Kapazitäten für die Weiterverarbeitung zu den Endprodukten C_{1-6} *voll ausgelastet* sind: Über die Erzeugung der Produktgruppe C hinaus kann die Unternehmung als „Lückenfüller" jederzeit in unbegrenztem Umfang Lohnaufträge übernehmen, die ihr einen Erfolg (Deckungsbeitrag) von 36,– DM/Std. erbringen.

Abb. 7a: Die Angabe in Spalte 1 der Zeile 19 ist das gewogene arithmetische Mittel der Werte von C_1, C_3, C_4, C_5 und C_6

	Endprodukte ⟶	Σ	C_1	C_2	C_3	C_4	C_5	C_6
	Zeilen 1-13 wie in Abb. 6 a							
14	VERWERTUNGSÜBERSCHUSS - bezogen auf C_1 - C_6	202.175	66.302	21.758	13.770	5.930	75.320	19.095
15	Inanspruchnahme der knappen Weiterverarbeitungskapazitäten (in Std.)	(3.760)	(1.020)	(792)	(240)	(79)	(1.341)	(288)
16	./. "Opportunitätskosten" (verdrängte Deckungsbeiträge) bei Inanspruchnahme der knappen Weiterverarbeitskapazitäten (Zeile 15 · 36,- DM/Std.)	135.360	36.720	28.512	8.640	2.844	48.276	10.368
17	"NETTO"-VERWERTUNGS-ÜBERSCHUSS bezogen auf C_1 - C_6	66.815	29.582	-6.754	5.130	3.086	27.044	8.727
18	Verbrauch an Stoff c (in LE) für die Endprodukterzeugung in der Periode	261,56	80,80	X	36,90	17,50	60,96	65,40
19	"NETTO"-VERWERTUNGS-ÜBERSCHUSS bezogen auf eine LE c	∅ 281	366	X	139	176	444	133
20	Rang		2.	X	4.	3.	1.	5.

Auch bei „kostenloser" Beschaffung von c würde sich die Herstellung von C_2 angesichts der anderweitigen Kapazitätsverwendungsmöglichkeiten nicht lohnen.

solchen Situationen sind also stets *Gesamtbetrachtungen* für sämtliche Verwendungsrichtungen anzustellen, wobei unter Umständen Kosten zu beachten sind, die nur dann abgebaut werden können, wenn alle Verwendungszwecke in ihrer Gesamtheit entfallen (Erzeugnisgruppen-Einzelkosten)[37]. Solche Kosten sind bei der Ermittlung des Verwertungsüberschusses für die Erzeugnisgruppe als Ganzes in Abzug zu bringen, wie das in Abbildung 8 – unter Modifikation der Abbildung 6 – veranschaulicht ist. Die so berechnete Preisobergrenze ist niedriger als das gewichtete

37 Auf Situationen dieser Art verweist auch *Reichmann*, Th.: Kostenrechnung und Preisgrenzen, S. 289 ff.

Abb. 7b: Modifizierte Preisobergrenzen-Funktion bei voll ausgelasteten Kapazitäten

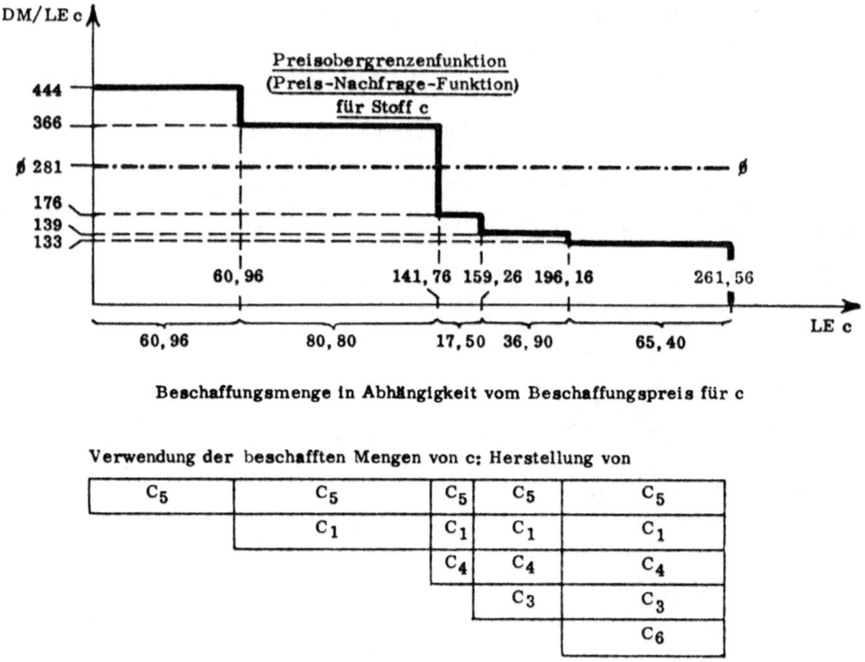

arithmetische Mittel der Preisobergrenze der verschiedenen Verwendungsrichtungen (vgl. Abbildung 6a, Zeile 15, mit Abbildung 8, Zeile 19).

b) *Nach Annahme eines Auftrags ermittelte verwendungsertragsorientierte Preisobergrenzen*

Es ist keineswegs gleichgültig, ob die Preisobergrenze für ein zur Herstellung eines bestimmten Produktes benötigten Einsatzgutes *vor* oder *nach* der Annahme des betreffenden Kundenauftrags ermittelt wird. Daß der letztgenannte Fall praktisch durchaus häufig relevant ist, wird evident, wenn man an den plötzlichen Ausfall planmäßiger Lieferanten, an das Versagen wichtiger Maschinen oder Ersatzteile oder an ähnliche „Störungen" denkt. Ist ein Kundenauftrag angenommen, muß berücksichtigt werden, daß bei dessen Nichterfüllung unter Umständen *Konventionalstrafen oder ähnliche Erlöseinbußen* anfallen.

Dies ist ein Grund dafür, daß die Preisobergrenze *nach* Auftragsannahme oft – zumindest zeitweise – wesentlich höher sein kann als vor der Annahme des Kundenauftrags. Ein weiterer Grund hierfür resultiert daraus, daß bereits aufgewandte Kosten (genauer: schon eingegangene Ausgabenverpflichtungen), die vor der Auftragsannahme noch variabel waren, zu *nicht mehr beeinflußbaren Kosten* („sunk costs") geworden sind. Ihr Anfall läßt sich nicht mehr rückgängig machen. Daher

Abb. 8: Besonderheiten der Ermittlung kurzfristiger verwendungsertragsorientierter Preisobergrenzen beim Anfall von Kosten, die nur beim Verzicht auf mehrere Verwendungsrichtungen wegfallen (Erzeugnisgruppen-Einzelkosten) (Modifikation des Beispiels in Abb. 6)
– Beträge: Zeilen 14–18: DM in der Periode, Zeile 19: DM/LE –

	Endproduktsorten	C_1	C_2	C_3	C_4	C_5	C_6
	Zeilen 1 - 13 wie in Abb. 6 a						
14	VERWERTUNGSÜBERSCHÜSSE der einzelnen Erzeugnissorten	66.302	21.758	13.770	5.930	75.320	19.095
15		202.175					
16	./. Einzelkosten der Erzeugnisgruppe C	25.000					
17	NETTO-VERWERTUNGS-ÜBERSCHUSS der Erzeugnisgruppe C - bezogen auf C	177.175					
18	Verbrauch an Stoff C (in LE) für die Endprodukterzeugung in der Periode	288,20					
19	PREISOBERGRENZE pro LE c	615					

sind bei der Ermittlung der Verwendungserträge statt der in der Vergangenheit aufgewandten Kosten für solche Produktionsfaktoren die bei einer anderweitigen Verwendung (z. B. beim Verkauf) noch erzielbaren Resterlöse anzusetzen.

Diese Besonderheiten werden durch das in Abbildung 9 enthaltene Beispiel näher erläutert. Es nimmt auf einen Betrieb Bezug, der für die Herstellung eines komplexen Endproduktes unter anderem ein Spezialteil beschaffen muß. Es wird angenommen, der planmäßige Lieferant für dieses spezielle Teil fällt zu einem – im Beispielfall als variable Größe aufgefaßten – Zeitpunkt aus. Man findet aber einen anderen Lieferanten, der eine rechtzeitige Lieferung garantieren würde. Doch müssen mit diesem sehr hartnäckige Preisverhandlungen geführt werden, so daß die Frage aufgeworfen wird, wieviel man maximal für das Spezialteil bezahlen darf.

Zur Lösung des Beispiels werden folgende Informationen über Zeiten, Kosten und Erlöse gegeben:

Zeitbezogene Informationen:

t_0 = Zeitpunkt der Annahme des Auftrags – unter Vereinbarung einer Konventionalstrafe für den Fall der Nichtlieferung oder verspäteten Lieferung

t_1 = Beginn der Herstellung, genauer: Beginn des Eingangs spezieller Ausgabenverpflichtungen für die Herstellung des Produkts (z. B. Erteilung fester Bestellmengen für Spezial-Material)

t_2 bis t_3 = Während dieser Zeit entstünden für das unfertige Produkt (Halbfabrikat), wenn es nicht fertiggestellt werden könnte, Vernichtungskosten nach t_4 = Das noch unfertige Produkt (Halbfabrikat) könnte zu einem Preis verkauft werden, der über den bis dahin für die Herstellung aufgewandten Kosten (Ausgaben) liegt (V–IV > III–IV)

Abb. 9: Dynamische Aspekte der Bestimmung der kurzfristigen, verwendungsertragsorientierten Preisobergrenze für ein Produkt – unterschiedliche Preisobergrenzen vor und nach Annahme eines Auftrags

Ausgangssituation:

Für die Herstellung eines komplexen Industrieprodukts muß u. a. ein *Spezialteil* beschafft werden. Angenommen, der planmäßige Lieferant für dieses Teil fällt zu einem – hier als variable Größe aufgefaßten – Zeitpunkt aus. Es wird aber ein anderer Lieferant gefunden, der eine rechtzeitige Lieferung garantieren würde. Wieviel kann diesem maximal für ein Teil bezahlt werden?

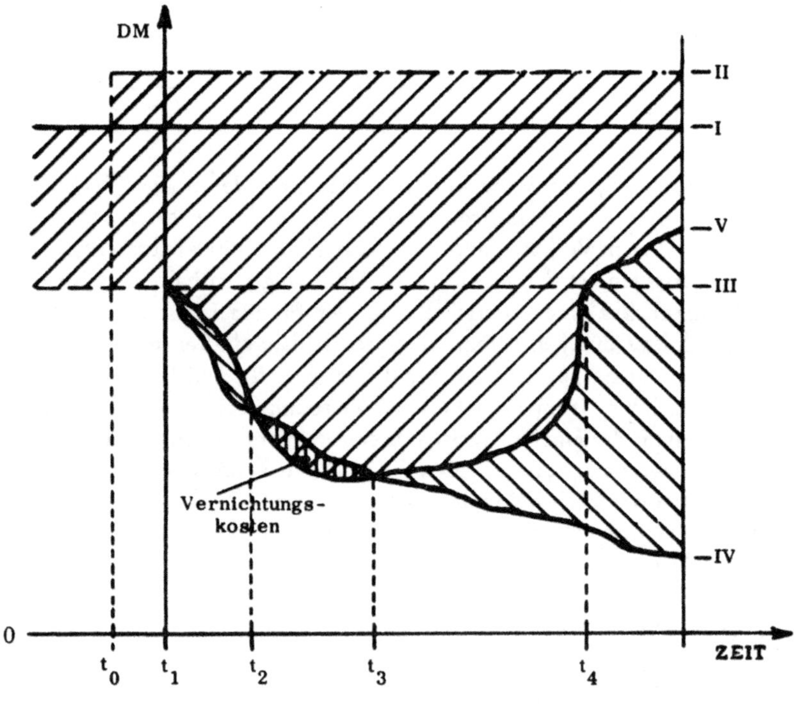

Kosten- und Erlösinformation:

I–0

II–I = vereinbarte Konventionalstrafe für den Fall der Nichtlieferung oder verspäteten Lieferung

III–0 = geplante Gesamtkosten der Herstellung und des Vertriebs (ohne die Kosten für das Spezialteil)

I–III = geplanter Gewinn (Deckungsbeitrag) für das ausgelieferte Endprodukt (ohne Berücksichtigung der Kosten für das Spezialteil) = geplanter Verwertungsüberschuß

III–IV = für die Herstellung des Produkts bereits fest eingegangene Ausgabenverpflichtungen (bereits aufgewandte Kosten)

IV–0 = für die Fertigstellung des Auftrags noch einzugehende Ausgabenverpflichtungen (noch anfallende Kosten)

V–IV = beim Verkauf (oder anderweitiger Verwertung) des unfertigen Produktes erzielbarer Preis (für t_2 bis t_3 negativ: Vernichtungskosten)

Unter diesen Bedingungen gelangt man zu folgenden Ergebnissen:

Preisobergrenze für das Spezialteil: 

vor t_0 = I–III
t_0 bis t_1 = II–III = I–III + II–I
nach t_1 = II–V = I–IV + II–I–(V–IV).

Wie man hieraus unter Bezugnahme auf die graphische Darstellung in Abbildung 9 entnehmen kann, ist die Höhe der Preisobergrenze ganz davon abhängig, zu welchem Zeitpunkt der planmäßige Lieferant für das Spezialteil ausfällt, wann man sich also um eine Beschaffung bei einem anderen Lieferbetrieb bemühen muß. Doch erkennt man recht deutlich, daß schon nach dem Zeitpunkt t_0 die vereinbarte Konventionalstrafe in die Preisobergrenzen-Bestimmung einbezogen werden muß, weil dieser Betrag fällig wird, falls es nicht gelingt, einen geeigneten Lieferanten für das Spezialteil zu finden. Abgesehen davon hängt die Preisobergrenze – wie schon erwähnt – nur noch davon ab, welche Beträge man bei einer anderweitigen Verwendung, also beispielsweise beim Verkauf des bereits in Arbeit befindlichen Produktes, noch erzielen kann. Dabei ist bemerkenswert, daß diese Beträge unter Umständen (im Beispiel zwischen den Zeitpunkten t_2 und t_3) sogar negativ sein können, was dem Anfall von Vernichtungskosten gleichkommt.

Ist es beim Ausfall von Lieferanten oder bei ähnlichen Störungen *nach* Auftragsannahme allenfalls möglich, eine Bereitstellung zu erreichen, die zu einer verspäteten Auslieferung des Fertigprodukts (aber immer noch im Rahmen der vom Kunden tolerierten Fristen) führt, so ist dem verspäteten Eingang der leistungswirtschaftlichen Einnahmen durch den Ansatz von Zinsen bzw. durch das Diskontieren der Einnahmen Rechnung zu tragen, während der Ansatz der in einem solchen Fall dann nicht fällig werdenden Konventionalstrafe unterbleiben müßte.

Ergeben sich für die Zeit nach Auftragsannahme sehr hohe verwendungsertragsorientierte Preisobergrenzen, so ist es nicht unwahrscheinlich, daß in der Praxis statt dieser kostenersparnisorientierte Preisobergrenzen relevant werden, weil unter solchen Umständen sich möglicherweise auch eine verhältnismäßig kostspielige Eigenfertigung bzw. die mit hohen Transportkosten verbundene Beschaffung von fernab liegenden Lieferanten oder die Verwendung von Substitutionsgütern mit geringeren ökonomischen Opfern verbunden ist als der Verzicht auf die Erfüllung und Auslieferung des Kundenauftrags. Hierauf wird im nächsten Abschnitt näher eingegangen.

2. Kostenersparnisorientierte Preisobergrenzen

Ein Eingehen auf die Ermittlung kostenersparnisorientierter Preisobergrenzen ist nicht zuletzt auch deshalb erforderlich, weil es für manche Materialien (wie z. B. Büromaterial, Reinigungsmittel und andere Betriebsstoffe) äußerst schwierig ist festzustellen, inwieweit sie an der Ertragsentstehung beteiligt sind, welche Verwertungsüberschüsse ihnen also zugerechnet werden können bzw. müssen. Für solche Materialarten, die man oft auch als „Gemeinkostengüter" bezeichnet, d. h. Objekte, die für eine Vielzahl verschiedener Endleistungen benötigt werden, lassen sich kaum verwendungsertragsorientierte Preisobergrenzen bestimmen, zumal zum Zeitpunkt ihrer Beschaffung oft noch überhaupt nicht feststeht, für welchen konkreten Zweck sie später benötigt werden. Man kann daher meist auch keine näheren Angaben darüber machen, welche Erlöse bzw. Verwertungsüberschüsse beim Verzicht auf die Bereitstellung solcher Güter nicht anfallen würden. Allerdings kommt der Bestimmung kostenersparnisorientierter Preisobergrenzen auch bei der Bereitstellung von Hauptrohstoffen, Einbauteilen und anderen Einsatzgütern, die unmittelbar Bestandteil der Endprodukte des Betriebes werden, aus den im II. Abschnitt dieser Schrift genannten Gründen eine große praktische Bedeutung zu, eben weil bei solchen Gütern häufig die Möglichkeit einer Selbstherstellung oder einer Verwendung von Substitutionsgütern besteht, so daß man auch bei schlechten Beschaffungsbedingungen nicht unbedingt auf die Durchführung der Produktionsprozesse, für die solche Güter benötigt werden, verzichten muß.

Die praktisch bedeutsamste Form kostenersparnisorientierter Preisobergrenzen für den Fremdbezug sind jene, die von den Kosten der Eigenfertigung abgeleitet werden[38]. Sie werden relevant, wenn sich neben dem Fremdbezug auch die Weiterverarbeitung selbst erzeugter Güter des betreffenden Typs lohnt, also positive Deckungsbeiträge erbringen würde. Die besonderen Schwierigkeiten ihrer Ermittlung liegen in der oft komplizierten Erfassung der Eigenfertigungskosten. Man muß dabei nicht nur zwischen der Bestimmung kurzfristiger und langfristiger Preisobergrenzen sowie nach der Beschäftigungslage des Betriebes differenzieren, sondern auch danach, wie die Selbstherstellung effektiv realisiert wird. Dies liegt daran, daß zumindest der Theorie nach, aber auch in der Praxis, für die Bereitstellung der für die Eigenfertigung nutzbaren Kapazitäten sehr unterschiedliche Wege zur Verfügung stehen und daß man, je nachdem welchen dieser Wege man effektiv nutzt, in die Kalkulation der Eigenfertigungskosten völlig andere Kalkulationselemente einbeziehen muß. So ist beispielsweise nicht nur an die ohnehin nur auf lange Sicht realisierbare Ausweitung der eigenen Kapazitäten für die Eigenerzeugung zu denken, sondern im Rahmen der hier zunächst behandelten kurzfristigen Betrachtungen etwa vor allem an die Freisetzung von Kapazitäten durch Verdrängung anderer Produkte aus dem Produktions- und Absatzprogramm,

38 An anderer Stelle (vgl. *Männel*, W.: Möglichkeiten und Grenzen des Rechnens mit Opportunitätserlösen, S. 201–245, hier insbesondere S. 211 ff.) habe ich vorgeschlagen, die beim „Nicht-Nutzen-Müssen" eines anderen Bereitstellungsweges einsparbaren Kosten bzw. Ausgaben in Analogie zum Opportunitätskostenbegriff „Opportunitätserlöse" zu nennen. Aus der Sicht dieser Terminologie leiten sich kostenersparnisorientierte Preisobergrenzen von „Opportunitätserlösen" ab.

an zeitliche Anpassungsmaßnahmen wie etwa das Einlegen von Überstunden oder beispielsweise auch an eine Steigerung der Produktionsgeschwindigkeit. Von diesen Möglichkeiten muß zunächst die günstigste herausgefunden werden, also jene, welche die niedrigsten Kosten bzw. die geringsten Erfolgseinbußen mit sich bringt. Auf diese Weise ist die Bestimmung kostenersparnisorientierter Preisobergrenzen, die von den einsparbaren Kosten der Eigenfertigung abgeleitet werden, zwangsläufig mit weiteren Wahlproblemen verbunden, so etwa mit dem Problem der Auswahl der bei Kapazitätsknappheit gegebenenfalls zu verdrängenden Produkte, mit der Wahl zwischen intensitätsmäßiger oder zeitlicher Anpassung oder mit ähnlichen Fragestellungen. Zumindest muß man feststellen, in welcher Reihenfolge man diese Möglichkeiten der Kapazitätsfreisetzung bzw. Kapazitätsbereitstellung in Betracht zu ziehen hat.

Diese Besonderheiten sollen durch das Beispiel in Abbildung 10 demonstriert werden.

Abb. 10: Die Ermittlung kurzfristiger kostenersparnisorientierter Preisobergrenzen für ein Zwischenprodukt, das auch selbst hergestellt werden kann

Ausgangssituation:

Ein Unternehmen benötigt innerhalb einer bestimmten Planungsperiode für die zur möglichst vollen Auslastung der Kapazitäten zusätzlich in Betracht gezogene Herstellung des Endproduktes D 500 LE des Zwischenproduktes d. Hierfür entstünden zusätzliche kurzfristig variable (proportionale) Kosten in Höhe von 20,– DM/LE d. Da von den für die Eigenfertigung dieses Zwischenproduktes geeigneten Kapazitäten – die Maschinenbelegungszeit beträgt 0,5 Std/LE d – nur noch 25 Stunden frei verfügbar sind, zieht man über die Ausnutzung dieser freien Restkapazitäten hinaus bestimmte Anpassungsmaßnahmen (Kapazitätserweiterungs- bzw. Kapazitätsfreisetzungsmaßnahmen) in Betracht, die zusätzlich zu den kurzfristig variablen Eigenerzeugungskosten weitere *Mehrkosten (bzw. Erfolgseinbußen)* verursachen würden.

Abb. 10a: Maßnahmen zur Bereitstellung der für die Eigenfertigung erforderlichen Kapazitätseinheiten

Bereitstellung der für die Eigenfertigung erforderlichen Kapazitätseinheiten		dadurch verfügbare Engpaß-Maschinenstunden (Std.)	während der verfügbaren Maschinenstunden herstellbare Mengen von d (LE)	für die Kapazitätsinanspruchnahme entstehende Mehrkosten (bzw. entgehende Erfolge) je Std. (DM/Std.)	je LE d (DM/LE)	kurzfristig variable Kosten der Eigenfertigung je LE d (DM/LE)	Gesamt-"Kosten" der Eigenfertigung je LE d (DM/LE)
1.	Ausnutzung der freien Restkapazitäten	25	50			20,00	20,00
2.	Erhöhung der Produktionsgeschwindigkeit bei der Herstellung des Zwischenproduktes x - unter Inkaufnahme höherer Energie- und Stoffkosten (intensitätsmäßige Anpassung)	50	100	4,80	2,40	20,00	22,40
3.	Einlegen von Überstunden (Spezialfall der zeitlichen Anpassung)	120	240	8,00	4,00	20,00	24,00
4.	Zukauf des bisher selbst hergestellten Zwischenproduktes y - unter Inkaufnahme höherer Fremdbezugskosten	30	60	12,50	6,25	20,00	26,25
5.	Verzicht auf die Herstellung des verkaufsfähigen Produktes Z - unter Verdrängung von Deckungsbeiträgen	25	50	24,00	12,00	20,00	32,00
1.-5.	insgesamt	250	500	ø 8,70	ø 4,35	20,00	ø 24,35

Wäre ein Fremdbezug von d möglich, würde der Betrieb auf die erwogenen Maßnahmen in der Reihenfolge 5., 4., 3., 2., 1. (gemäß Spalte 5) verzichten.

Abb. 10b: Preisobergrenzen-Funktion für Stoff d

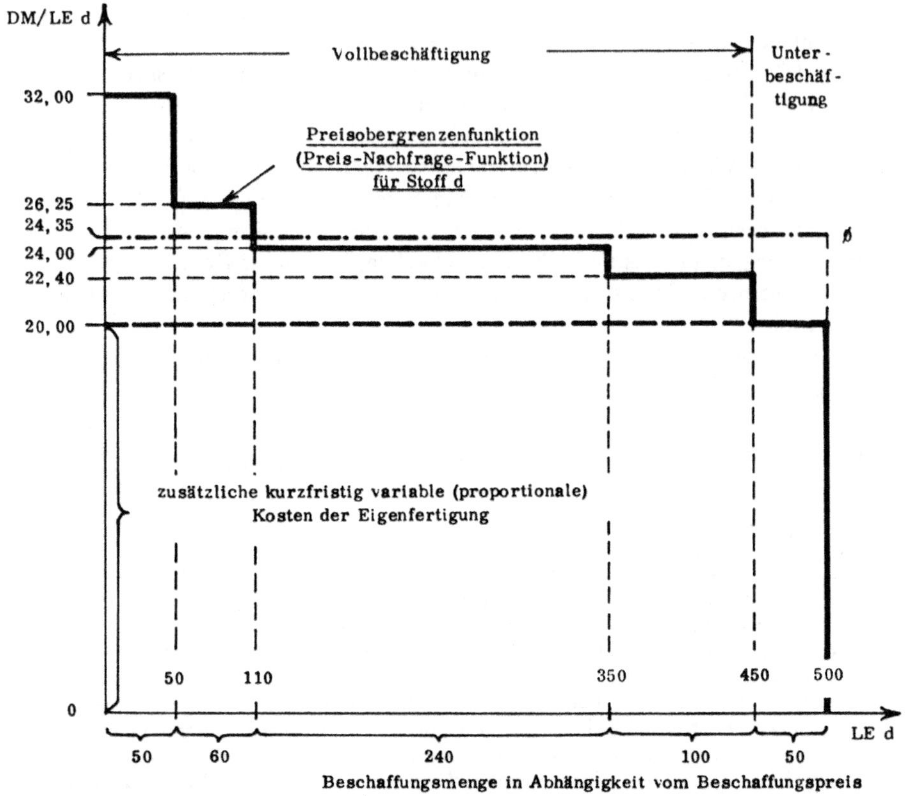

Bei Beschaffbarkeit entsprechender Mengen von d Verzicht auf die erwogene(n) Anpassungsmaßnahme(n):

5.	5.	5.	5.	5.
	4.	4.	4.	4.
		3.	3.	3.
			2.	2.
				1.

Der Beispielbetrieb, auf den Abbildung 10 Bezug nimmt, benötigt innerhalb einer bestimmten Planungsperiode für die zur möglichst vollen Auslastung der Kapazitäten zusätzlich in Betracht gezogene Herstellung des Endproduktes D 500 Leistungseinheiten des Zwischenproduktes d. Hierfür entstünden zusätzliche kurzfristige variable (proportionale) Kosten in Höhe von 20,– DM/LE d. Die Maschinenbelegungszeit beträgt 0,5 Std./LE d. Da von den für die Eigenerzeugung dieses Zwischenproduktes geeigneten Kapazitäten in der Planungsperiode nur noch 25 Std. frei verfügbar sind, zieht man über die Ausnutzung dieser freien Restkapazitäten hinaus bestimmte Anpassungsmaßnahmen in Betracht, die zusätzlich zu den kurzfristig variablen Eigenerzeugungskosten weitere, ebenfalls in die Kalkulation einzubeziehende Mehrkosten bzw. Erfolgseinbußen verursachen würden: Es kommen sowohl eine intensitätsmäßige Anpassung wie eine zeitliche Anpassung (z. B. in Form des Einlegens von Überstunden) oder der Zukauf bisher selbst hergestellter Zwischenprodukte in Betracht, außerdem aber auch die Verdrängung von Endprodukten aus dem Produktionsprogramm. Die Eigenfertigung des Gesamtbedarfs der betreffenden Leistungsart d würde die Inanspruchnahme all dieser Maßnahmen der Bereitstellung bzw. Freisetzung von Kapazitätseinheiten erforderlich machen. Da aber für jede von diesen unterschiedlich hohe Kosten bzw. Erfolgseinbußen (Opportunitätskosten[39]) in Kauf genommen werden müssen, läßt sich für das Beschaffungsobjekt wiederum keine eindeutige (feste) Preisobergrenze je Leistungseinheit, sondern lediglich eine Preisobergrenzen-Funktion angeben, wie sie für den Beispielfall in Abbildung 10b ausgewiesen ist.

Ist *kein Nebeneinander von Eigenfertigung und Frembezug* möglich, beträgt die Preisobergrenze für die zu beschaffenden 500 Leistungseinheiten der Leistungsart d

$$\frac{100 \cdot 2{,}40 + 240 \cdot 4{,}00 + 60 \cdot 6{,}25 + 50 \cdot 12{,}00}{500} + 20{,}00 \quad = 24{,}35 \text{ DM/LE.}$$

Beachtenswert ist, daß die kostenersparnisorientierte Preisobergrenze – im Gegensatz zur verwendungsertragsorientierten Preisobergrenze um so *höher* ist, je *höher* die (Opportunitäts-) Kosten der Inanspruchnahme der (Eigenfertigungs-) Kapazitäten sind.

Besonderheiten ergeben sich für die Ermittlung kostenersparnisorientierter Preisobergrenzen dann, wenn als Alternative zu der erwogenen Beschaffung nur die *Verwendung eines Substitutionsgutes* in Betracht kommt. Unter solchen Bedingungen darf man als Preisobergrenze nicht generell einfach die Kosten für die Bereitstellung (Eigenerzeugung oder Beschaffung) eines solchen Substitutionsgutes vorgeben, denn Substitutionsgüter weisen häufig in mehrfacher Hinsicht *andere Qualitätsmerkmale* auf.

Aus solchen Qualitätsunterschieden können sich einmal *produktionswirtschaftliche Konsequenzen* ergeben, so vor allem derart, daß die betreffenden Güter andere Produktionskoeffizienten, andere Ausschuß- oder Abfallquoten oder andere Kosten der Weiterverarbeitung aufweisen bzw. die Weiterverarbeitungskapazitäten zeitlich nicht genau in demselben Maße in Anspruch nehmen.

Darüber hinaus wird von solchen Qualitätsunterschieden häufig auch die Qualität der Endprodukte und damit die *absatzwirtschaftliche* Sphäre des Betriebes beein-

39 Darauf, daß sich kurzfristig kostenersparnisorientierte Preisobergrenzen in Zeiten knapper Kapazitäten durch eine Addition der kurzfristig variablen (proportionalen) Kosten und der Opportunitätskosten der Kapazitätsinanspruchnahme ergeben, verweisen auch *Ferner*, Walter – *Lindner*, Klaus – *Strässer*, Harald: Eigenfertigung oder Fremdbezug – ein Praxisfall, gelöst mit linearer Programmierung, in: Zeitschrift für Betriebswirtschaft, 38 Jg. (1968), 1. Ergänzungsheft, S. 45–58, hier S. 57. – Vgl. ferner *Kilger*, Wolfgang: Entscheidungskriterien zur Wahl zwischen Eigenerstellung und Fremdbezug, in: Das Rechnungswesen als Instrument der Unternehmensführung, hrsg. v. Walther Busse von Colbe, Bielefeld 1969, S. 75–121, hier S. 83.

flußt. Dies bedeutet unter Umständen, daß man bei Verwendung eines qualitativ minderwertigeren Substitutionsgutes von dem (den) Endprodukt(en) bei gegebenem Preis nur geringere Mengen bzw. eine festliegende Absatzmenge nur zu einem niedrigeren Preis verkaufen kann. Unter solchen Umständen müssen bei der Preisobergrenzen-Bestimmung auch die eben angedeuteten möglichen Auswirkungen auf die Erlöse beachtet werden.

Abb. 11: Die Ermittlung kurzfristiger kostenersparnisorientierter Preisobergrenzen für ein Einsatzgut, das durch ein Substitutionsgut ersetzt werden könnte

Ausgangssituation:

Eine Unternehmung benötigt für die Herstellung des Endproduktes E 0,4 LE des Einsatzgutes e. Für dieses ist die Preisobergrenze zu bestimmen, wobei zu berücksichtigen ist, daß das Einsatzgut e durch das qualitativ allerdings nicht völlig gleichwertige Substitutionsgut e' ersetzt werden könnte.

		Objekt der Preisobergrenzen-bestimmung	alternativer Bereitstellungs-weg	Kalkulation der Preis-obergrenze
		Beschaffung (Fremdbezug)	Bereitstellung des Substitu-tionsgutes	
1	zusätzliche Kosten der Bereitstellung des Substitutionsgutes e'		8,00 DM/LE e'	
2a	Produktionskoeffizienten der Weiterverarbeitung	0,4 LE e/LE E	0,5 LE e'/LE E	
2b	Relation der Produktionskoeffizienten			$\frac{0,5}{0,4}$ = 1,25
3	Bereitstellungskosten für das Substitutionsgut je LE E (0,5 · 8,00 DM/LE e')			4,00 DM/LE E
4	unterschiedliche Kosten der Weiterverarbeitung - bezogen auf eine LE E	3,40 DM/LE E	4,00 DM/LE E	0,60 DM/LE E
5	unterschiedliche Inanspruchnahme der Weiterverarbeitungskapazitäten - bezogen auf eine LE E	0,3 Std/LE E	0,4 Std/LE E	
6	zusätzliche "Opportunitätskosten" bei Verwendung des Substitutionsgutes 24,00 DM/Std. · (0,4 - 0,3) Std/LE E			2,40 DM/LE E
7	Einsatz- und Weiterverarbeitungskosten für das Substitionsgut e' (Summe Zeilen 3, 4, 6)			7,00 DM/LE E
8	Erlöseinbußen (niedrigere Nettoerlöse) bei Verwendung des Substitutionsgutes e' - bezogen auf eine LE E	61,50 DM/LE E	59,00 DM/LE E	2,50 DM/LE E
9	Summe der Kosten und Erlöseinbußen bei Verwendung des Substitutionsgutes e' (Summe Zeilen 7 und 8)			9,50 DM/LE E
10	PREISOBERGRENZE für eine LE e $\frac{9,50 \text{ DM/LE E}}{0,4 \text{ LE e/LE E}}$			23,75 DM/LE e

Im Beispiel der Abbildung 11 wurde dies berücksichtigt (vgl. Zeile 8), darüber hinaus auch, daß bei Verwendung des qualitativ nicht ganz so hochwertigen Substitutionsgutes e' ein schlechterer Produktionskoeffizient (also ein Mehrverbrauch an diesem Einsatzstoff) in Kauf genommen werden muß, daß höhere Kosten der Weiterverarbeitung entstehen und die Kapazitäten der Weiterverarbeitung zeitlich länger in Anspruch genommen werden (vgl. Zeilen 2–7). Unter Berücksichtigung dieser aus der qualitativen Unterlegenheit des Substitutionsgutes resultierenden wirtschaftlichen Konsequenzen ergibt sich für die bereitzustellende Leistungsart e eine Preisobergrenze, die die Kosten der reinen Bereitstellung des Substitutionsguts (vgl. Zeile 1) um einen wesentlichen Betrag übersteigt.

3. Die praktische Relevanz verwendungsertrags- und kostenersparnisorientierter Preisobergrenzen

Ob die Preisobergrenze für die Materialbeschaffung von den beim Verzicht auf die Weiterverarbeitung entgehenden Verwendungserträgen abzuleiten ist oder von den einsparbaren Kosten einer Bereitstellung auf anderen Wegen, ist von mehreren Faktoren abhängig, insbesondere von

- der Bedeutung des betreffenden Endproduktes innerhalb des Sortiments,
- der Art der Unternehmung,
- der Fristigkeit der Preisobergrenzen-Bestimmung und
- der Beschäftigungslage des betreffenden Betriebes.

Auf die Herstellung *bedeutsamer Stammartikel* kann meist aus sortimentspolitischen Gründen nicht verzichtet werden, so daß sich als Alternative zur Beschaffung von Einsatzgütern allenfalls deren Eigenfertigung oder die Verwendung von Substitutionsgütern anbietet. Demgegenüber kann die Produktion relativ *unwichtiger Artikel* meist ohne nennenswerte indirekte Schäden und ohne Gefahren für das Fortbestehen der Unternehmung eingestellt werden[40].

Weit elastischer als *Industriebetriebe* können oft *Handelsunternehmen* und vor allem *Haushalte* auf Preiserhöhungen mit einem Verzicht auf den Kauf der betreffenden Artikel reagieren. Gleichzeitig ist bei ihnen aber auch die Verwendung von Substitutionsgütern praktisch bedeutsamer als bei industriellen Unternehmen, bei denen der Übergang auf die Verwendung anderer (ähnlicher) Einsatzgüter oft komplizierte technische Umstellungen erforderlich macht[41].

Über die Bedeutung der *Fristigkeit der Betrachtung* bestehen in der Literatur unterschiedliche Auffassungen. Busse von Colbe und Eisenführ[42] betonen, daß es kurzfristig häufig kaum Substitutionsmöglichkeiten gibt, so daß als Alternative meist nur der vorübergehende oder dauerhafte Verzicht auf die Herstellung jener Güter in Frage kommt. Je langfristiger die Planung sei, desto tiefgreifendere Sub-

40 Vgl. *Reddewig*, G. – *Dubberke*, H.-A.: Einkaufsorganisation und Einkaufsplanung, S. 95.

41 Vgl. *Reddewig*, G. – *Dubberke*, H.-A.: Einkaufsorganisation und Einkaufsplanung, S. 95.

42 Siehe *Busse von Colbe*, Walther – *Eisenführ*, Franz: Ermittlung von Preisgrenzen, Sp. 1429 f.

Abb. 12: Beispiel für die Abhängigkeit kurzfristiger Preisobergrenzen von der Beschäftigungslage des Betriebes

Ausgangssituation:

Eine Unternehmung verarbeitet ein sowohl durch *Eigenfertigung* als auch durch *Fremdbezug* bereitstellbares *Zwischenprodukt f* unter Zusatz weiterer Stoffe und Energien zum *Endprodukt F.* Die Eigenfertigung von f und dessen Weiterverarbeitung (2,0 Maschinenstunden je LE) erfolgt in wechselnder Fertigung auf denselben Kapazitäten (umstellbare Universalmaschinen), die auch noch – sofern entsprechende Aufträge vorliegen – für die Herstellung anderer Endprodukte eingesetzt werden können. Aus einer LE f kann 1 LE F erzeugt werden. *Wie hängt die Preisobergrenze für den Fremdbezug des Zwischenproduktes f von der Beschäftigungslage des Betriebes (von den anderweitigen Verwendungsmöglichkeiten der Kapazitäten) ab?*

Abb. 12a: Die Abhängigkeit der kurzfristigen Preisobergrenze von der Beschäftigungslage – in tabellarischer Darstellung

	Spalten ⟶	1	2	3	4	5	6	
	Beschäftigungslage (alternative Kapazitätsverwendungsmöglichkeiten)	schlecht ⟵ gut ⟶ sehr gut						
1	"Opportunitätskosten" der Kapazitätsinanspruchnahme (=entgehende Deckungsbeiträge)	0	10	20	30	40	50	DM/Std.
	Verwertungsüberschuß aus der Weiterverarbeitung von f							
2	Bruttoerlös	142	wie Spalte 1					DM/LE F
3	./. Erlösschmälerungen	7						DM/LE F
4	Nettoerlös	135						DM/LE F
5	./. absatzabhängige Kosten	10						DM/LE F
6	./. zusätzliche Kosten der Endverarbeitung von Zwischenprodukt f zu Endprodukt F (Energie, sonstige Stoffe u. ä.)	35						DM/LE F
7	Überschuß I je LE Endprodukt F	90						DM/LE F
8	= Überschuß I je bereitgestellte und weiterverarbeitete LE Zwischenprodukt f	90	90	90	90	90	90	DM/LE f
9	./. "Opportunitätskosten" der Weiterverarbeitung einer LE f (2,0 Std/LE · Zeile 1)	0	20	40	60	80	100	DM/LE f
10	Überschuß II je LE Zwischenprodukt f (Verwertungsüberschuß aus der Weiterverarbeitung von f)	90	70	50	30	10	-10	DM/LE f
	Kosten der Eigenfertigung							
11	zusätzliche Kosten der Eigenerzeugung von f (Beschaffungskosten, Kosten für Hilfsstoffe, Energien u. ä.)	12	12	12	12	12		DM/LE f
12	+ Opportunitätskosten der Eigenfertigung von f (1,2 Std/LE · Zeile 1)	0	12	24	36	48		DM/LE f
13	Gesamt-"Kosten" der Eigenfertigung von f	12	24	36	48	60		DM/LE f
	Preisobergrenze für die Beschaffung (den Fremdbezug) von f							
14	Preisobergrenze je LE f	12	24	36	30	10		DM/LE f
15	maßgeblich für den Wertansatz	Zeile 13			Zeile 10			

stitutions- und andere Anpassungsmaßnahmen könnten (und müßten) bei der Preisobergrenzen-Bestimmung berücksichtigt werden. Demgegenüber vertreten Reddewig und Dubberke[43] die Auffassung, daß nicht nur die bereits angenommenen Aufträge, sondern auch das grundsätzliche Bestreben, die produzierende Unternehmung zu erhalten und ihre Tätigkeit fortzusetzen, einen kurzfristigen Verzicht auf Beschaffung und Weiterverarbeitung vielfach ausschließen.

43 Vgl. *Reddewig,* G. – *Dubberke,* H.-A.: Einkaufsorganisation und Einkaufsplanung, S. 95.

Die *Beschäftigungslage der Unternehmung* erlangt über den Ansatz der Opportunitätskosten Einfluß auf die Beantwortung der hier angesprochenen Frage. Es wurde schon betont, daß *verwendungsertragsorientierte* Preisobergrenzen *mit zunehmender Höhe der Opportunitätskosten* für die Inanspruchnahme der (Weiterverarbeitungs-) Kapazitäten *sinken,* während *kostenersparnisorientierte* Preisobergrenzen *mit zunehmender Höhe der Opportunitätskosten* für die Inanspruchnahme der (Eigenerzeugungs-) Kapazitäten *steigen.* Werden für die Eigenfertigung der Einsatzgüter *dieselben personellen und/oder maschinellen Kapazitäten* eingesetzt wie für deren Weiterverarbeitung, so sind bis zu einer bestimmten Höhe der Opportunitätskosten kostenersparnisorientierte Preisobergrenzen und darüber hinaus verwendungsertragsorientierte Preisobergrenzen relevant. Dabei ergeben sich funktionelle Beziehungen der in Abbildung 12, insbesondere in der graphischen Darstellung 12b schematisch veranschaulichten Art. Die diesem Beispielfall zugrunde-

Abb. 12b: Die Abhängigkeit der kurzfristigen Preisobergrenze von der Beschäftigungslage – in graphischer Darstellung

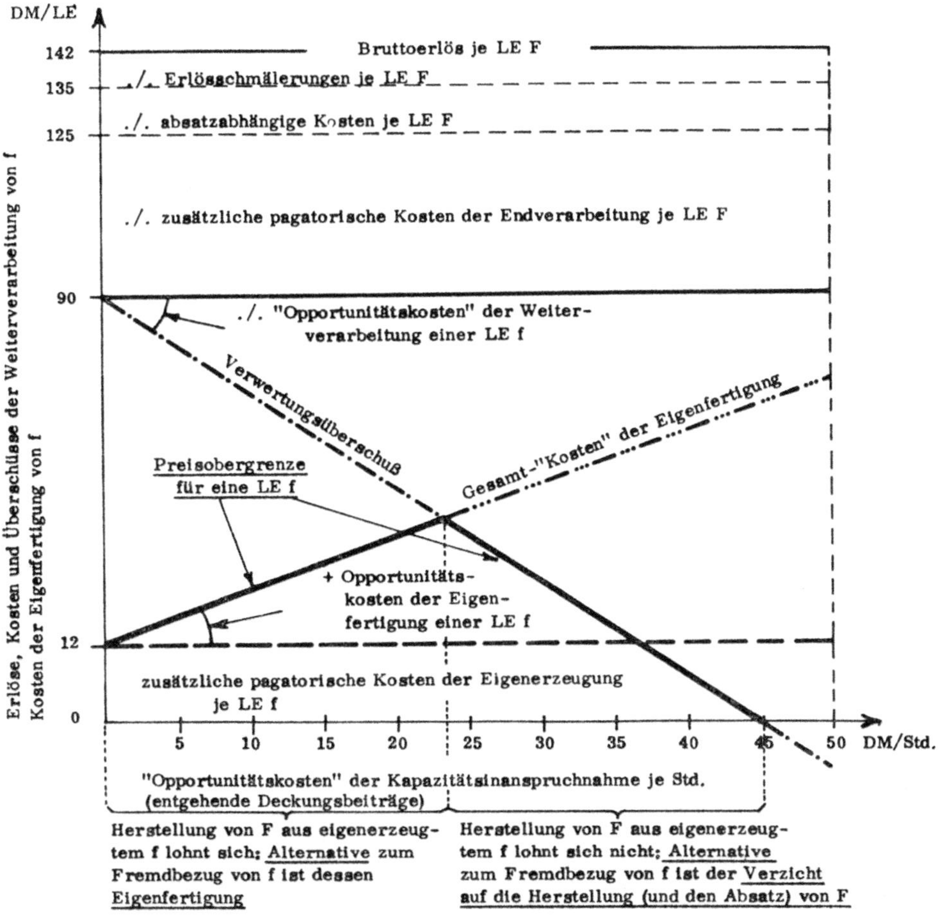

liegende Unternehmung verarbeitet ein sowohl durch *Eigenfertigung* als auch durch *Fremdbezug* bereitstellbares *Zwischenprodukt f* unter Zusatz weiterer Stoffe und Energien zum Endprodukt F. Die Eigenfertigung von f und dessen Weiterverarbeitung (2,0 Maschinenstunden/LE) erfolgt in wechselnder Fertigung *auf denselben Kapazitäten* (also auf umstellbaren Universalmaschinen), die auch noch – sofern entsprechende Aufträge vorliegen – für die Herstellung einiger anderer Endprodukte eingesetzt werden können. Aus einer Leistungseinheit f kann eine Leistungseinheit F erzeugt werden. Das Beispiel soll veranschaulichen wie die Preisobergrenze für den Fremdbezug des Zwischenproduktes f von der Beschäftigungslage des Betriebes, also von den anderweitigen Verwendungsmöglichkeiten der vorhandenen Kapazitäten und damit von der Höhe der anzusetzenden Opportunitätskosten, abhängt. Wie man sieht, steigt anfänglich mit steigenden Opportunitätskosten auch die zunächst relevante von den einsparbaren Eigenfertigungskosten abgeleitete Preisobergrenze. Sobald sich aber die Eigenfertigung nicht mehr lohnt und damit die verwendungsertragsorientierte Preisobergrenze relevant wird, fällt diese mit steigenden Opportunitätskosten immer mehr ab.

V. Die Ableitung langfristiger Preisobergrenzen für ein einzelnes Einsatzgut von sachlichen Alternativen

1. Langfristige verwendungsertragsorientierte Preisobergrenzen

Bei der Ermittlung *langfristiger* verwendungsertragsorientierter Preisobergrenzen, wie z. B. vor dem Abschluß langfristiger Lieferverträge oder beim Kauf großer Mengen auf Vorrat, die für die Deckung des Bedarfs mehrerer Perioden ausreichen sollen, muß man berücksichtigen, daß die Kapazität des eigenen Betriebes sowie die Betriebsbereitschaft (also beispielsweise der Personalbestand) im Falle eines Verzichts auf die Beschaffung und Weiterverarbeitung des betreffenden Einsatzgutes vorübergehend oder auf Dauer reduziert bzw. völlig abgebaut werden können und daß dies auch zum Wegfall solcher Kosten führt, die auf kurze Sicht als fix angesehen werden müssen. Diese über die kurzfristig variablen Kosten hinaus auf lange Sicht abbaufähigen Beträge reduzieren die verwendungsertragsorientierte Preisobergrenze.

Bei der Ermittlung solcher langfristigen Preisobergrenzen ist allerdings zu bedenken, daß die kurzfristig fixen Kosten eines Betriebes auch langfristig sich

- nur teilweise,
- nur sprunghaft,
- nur zu bestimmten Terminen und
- nur in bestimmten Intervallen

abbauen lassen. In der Literatur hat vor allem Riebel auf diesen „zeitbezogenen Quantencharakter" der Fixkosten hingewiesen[44]. Speziell in Bezug auf die Ermittlung von Preisobergrenzen machte in letzter Zeit neben Layer[45] in besonders verdienstvoller Weise vor allem Reichmann[46] auf diesen Sachverhalt aufmerksam. Seinen Hinweis darauf, daß die Höhe langfristiger Preisobergrenzen in maßgeblicher Weise von der konkreten zeitlichen Lage der möglichen Fixkostenabbau-Termine abhängig ist, bekräftigt Reichmann mit einem Beispiel, das im folgenden als Ausgangspunkt für eine ausführliche Erörterung des Problems der Ermittlung langfristiger Preisobergrenzen gewählt werden soll.

44 Vgl. *Riebel,* Paul: Die Bereitschaftskosten in der entscheidungsorientierten Unternehmerrechnung, in: Zeitschrift für betriebswirtschaftliche Forschung, 22. Jg. (1970), S. 372–386.

45 Vgl. *Layer,* M.: Möglichkeiten und Grenzen der Anwendbarkeit der Deckungsbeitragsrechnung, S. 74–79.

46 Vgl. *Reichmann,* Th.: Die Planung von Preisgrenzen im Beschaffungsbereich der Unternehmung, S. 796 f. – *Ders.:* Kostenrechnung und Preisgrenzen, insbes. S. 274 ff.

Das Beispiel stellt auf ein Unternehmen ab, das einen bestimmten Rohstoff – hier als Rohstoff g bezeichnet – in monatlichen Mengen von 2 000 Leistungseinheiten (LE) bereitstellt und weiterverarbeitet. Diese Weiterverarbeitung erbringt einen Überschuß der Erlöse über die kurzfristig variablen Kosten in Höhe von 4,00 DM je LE g. Könnte man diesen Produktionsfaktor nicht mehr beschaffen, müßte die Produktion vorübergehend eingestellt werden. Dabei ließen sich Fixkosten der Potentialfaktoren I und II abbauen (also z. B. die Fixkosten zweier verschiedener Anlagen) und zwar

- von den kurzfristig fixen Kosten des *Potentialfaktors I* jeweils nach *zwei Monaten* (erstmals zu Beginn des 3. Monats, dann zu Beginn des 5., 7. Monats usw.) *10 000 DM* und
- von den kurzfristig fixen Kosten des *Potentialfaktors II* jeweils nach *drei Monaten* (erstmals zu Beginn des 4. Monats, dann zu Beginn des 7. Monats usw.) *5 000 DM.*

Ausgehend von diesen Daten berechnet Reichmann[47] für alternative Längen des Planungszeitraums – beginnend vom Kalkulationszeitpunkt, der unmittelbar nach Beginn des ersten Monats liegt, bis zum Ende des 1., 2., . . ., 6. Monats – die hier in Abbildung 13, Spalte 9 angegebenen langfristigen Preisobergrenzen.

Abb. 13: Der Literatur entnommenes Beispiel für die Ermittlung langfristiger verwendungsertragsorientierter Preisobergrenzen
– Beträge: Spalten 3 bis 8: DM in der Periode; Spalte 9: DM/LE g –

1	2	3	4	5	6 (4 + 5)	7	8 (3 - 7)	9 (8/2)
bis zum Ende des Monats	kumulierte Beschaffungs- und Verarbeitungsmengen von g (LE)	kumulierte (Verwertungs-) Überschüsse der Erlöse über K_v	abbaufähige Fixkosten K_{fa}				kumulierte (Verwertungs-) Überschüsse der Erlöse über K_v und K_{fa}	langfristige Preisobergrenzen je LE g
			zu Beginn der einzelnen Perioden			für die einzelnen Monate kumuliert		
			Potentialfaktor I	Potentialfaktor II	insgesamt			
1	2.000	8.000					8.000	4,00
2	4.000	16.000					16.000	4,00
3	6.000	24.000	10.000		10.000	10.000	14.000	2,33
4	8.000	32.000		5.000	5.000	15.000	17.000	2,13
5	10.000	40.000	10.000		10.000	25.000	15.000	1,50
6	12.000	48.000				25.000	23.000	1,92
7			10.000	5.000	15.000			

K_v = kurzfristig variable Kosten
K_{fa} = abbaufähige Fixkosten

Nach meiner Auffassung haben die in Spalte 9 ausgewiesenen Ergebnisse allerdings nicht in allen Fällen praktische Relevanz, sondern nur dann, wenn ganz bestimmte Bedingungskonstellationen erfüllt sind:

1. Die Entscheidung über die Produktion des Endproduktes, für das man das betreffende Einsatzgut benötigt, kann grundsätzlich *nur für den jeweils betrachteten Planungszeitraum als Ganzes* getroffen werden, wie beispielsweise dann, wenn über die Annahme eines langfristigen Lieferauftrages zu entscheiden ist. Diese Prämisse ist gleichbedeutend damit, daß die Produktion des Endproduktes während des Planungszeitraums nicht abgebrochen werden kann, *daß also der Gesamtbedarf an Einzatzstoffen für diesen Planungszeitraum voll zu befriedigen* (also nicht teilbar) *ist.*

47 Vgl. *Reichmann,* Th: Die Planung von Preisgrenzen, S. 797 (Tabelle 1).

2. Über die Deckung des *Gesamtbedarfs an Einsatzstoffen* – hier also über die Beschaffung von g – wird zu Beginn des jeweiligen Planungszeitraums *eine auf diese Gesamtperiode abstellende (eben langfristige) Beschaffungs-Entscheidung getroffen*, zum Beispiel derart, daß man die benötigte Gesamtmenge *auf einmal* einkauft und zunächst auf Lager legt oder derart, daß man über dieses Quantum zumindest einen verbindlichen Kaufvertrag abschließt, der eine sukzessive Bereitstellung ermöglicht, wie dies etwa beim *Kauf auf Abruf* der Fall ist.

In der Praxis ist nach meinen Erfahrungen vor allem die erste dieser beiden Prämissen häufig nicht erfüllt. Offensichtlich geht hiervon implizit auch Reichmann aus. Denn aus den Ergebnissen der hier wiedergegebenen Rechnungen folgert er zum Beispiel, daß die Produktion bei einem Anstieg des Preises für den Rohstoff g über 2,00 DM/LE hinaus am Ende des 4. Monats abgebrochen werden müßte, weil die Preisobergrenzen-Werte für eine Produktion bis zum Ende des 5. bzw. 6. Monats unter der Grenze von 2,00 DM/LE liegen (vgl. Abbildung 13, Zeilen 5 und 6).

Unter solchen, von Reichmann nicht näher untersuchten Bedingungen, also immer dann, wenn eine Einstellung der Produktion vor dem Ende der Bedarfsperiode durchaus möglich ist, sind nach meiner Auffassung zur Bestimmung langfristiger Preisobergrenzen *zukunftsbezogene Marginalbetrachtungen für Teilperioden des Gesamtplanungszeitraums* erforderlich. Dies wird durch Abbildung 14 erläutert, für die unter Erweiterung des Beispiels der Abbildung 13 unterstellt wurde, man

Abb. 14: Zukunftsbezogene Marginalbetrachtungen für Teilperioden des Planungszeitraums zur Ermittlung langfristiger verwendungsertragsorientierter Preisobergrenzen

1	2	3	4	5	6 (4 + 5)	7	8 (3 - 7)	9 (8/2)
bis zum Ende des Monats	kumulierte Beschaffungs- und Verarbeitungsmengen von g (LE)	kumulierte (Verwertungs-) Überschüsse der Erlöse über K_v	abbaufähige Fixkosten K_{fa} zu Beginn der einzelnen Perioden: Potentialfaktor I	Potentialfaktor II	insgesamt	für die einzelnen Monate kumuliert	kumulierte (Verwertungs-) Überschüsse der Erlöse über K_v und K_{fa}	langfristige Preisobergrenzen je LE g
a) Ermittlung der Preisobergrenze für die Zeit bis zum frühestmöglichen Fixkostenabbau-Termin (bis zum Ende des 2. Monats)								
2	4.000	16.000					16.000	4,00
b) Ermittlung marginaler Preisobergrenzen für eine Weiterproduktion über den frühestmöglichen Fixkostenabbau-Termin (über den Beginn des 3. Monats) hinaus bis zu dem Zeitpunkt, an dem erstmals die Fixkosten mehrerer (hier beider) Potentialfaktoren gleichzeitig abgebaut werden können (bis zum Ende des 6. bzw. dem Beginn des 7. Monats)								
3	2.000	8.000	10.000		10.000	10.000	-2.000	(-1,00)
4	4.000	16.000		5.000	5.000	15.000	+1.000	+0,25
5	6.000	24.000	10.000		10.000	25.000	-1.000	(-0,17)
6	8.000	32.000				25.000	+7.000	+0,87
7			10.000	5.000	15.000			
c) Ermittlung marginaler Preisobergrenzen für eine Weiterproduktion über den eben genannten Zeitpunkt hinaus (über den Beginn des 7. Monats hinaus) bis zu dem Zeitpunkt, an dem wiederum die Fixkosten beider Potentialfaktoren abgebaut werden können (bis zum Ende des 12. bzw. dem Beginn des 13. Monats)								
7	2.000	8.000	10.000	5.000	15.000	15.000	-7.000	(-3,50)
8	4.000	16.000				15.000	+1.000	+0,50
9	6.000	24.000	10.000		10.000	25.000	-1.000	(-0,17)
10	8.000	32.000		5.000	5.000	30.000	+2.000	+0,25
11	10.000	40.000	10.000		10.000	40.000		
12	12.000	48.000				40.000	+8.000	+0,67
13			10.000	5.000	15.000			

könne annehmen, daß bis zum Ende des 12. Monats Bedarf an dem Einsatzgut g besteht (jeweils 2 000 LE pro Monat).

Zunächst ist in einem *ersten Schritt* die Preisobergrenze für die Zeit *bis zum frühestmöglichen Fixkostenabbau-Termin* zu bestimmen, hier also für die Zeit bis zum Ende des 2. bzw. bis zum Beginn des 3. Monats (vgl. Zeile 2). Diese Preisobergrenze entspricht dem Überschuß der Erlöse über die kurzfristig variablen Kosten, hier dem Betrag von 4,00 DM/LE (kurzfristige Preisobergrenze).

In einem *zweiten Schritt* schließt sich daran an die Ermittlung marginaler Preisobergrenzen für eine Weiterproduktion über den frühestmöglichen Fixkostenabbau-Termin (hier also über den Beginn des 3. Monats) hinaus *bis zu dem Zeitpunkt, an dem erstmals die Fixkosten mehrerer Potentialfaktoren gleichzeitig abgebaut werden können,* im Beispielfall also bis zum Ende des 6. (bzw. dem Beginn des 7.) Monats. Dabei zeigt sich, daß – wenn überhaupt – nur eine Weiterproduktion bis zum Ende des 6. Monats in Betracht kommt, da für eine Weiterbeschaffung und -produktion für diese zusätzlichen vier Perioden die Preisobergrenze mit 0,87 DM/LE am höchsten ist (vgl. Abbildung 14, Zeilen 3–6). Besonders abwegig wäre es, wie man den Zeilen 3 und 5 der Abbildung 14 entnehmen kann, beispielsweise die Fertigung nur bis zum Ende des 3. oder 5. Monats weiterzuführen, denn für eine Weiterproduktion bis zu diesen Terminen wären die marginalen Preisobergrenzen sogar negativ (siehe Spalte 9 der Abbildung 14). Aber auch eine Weiterproduktion bis zum Ende der 4. Periode wäre nicht so rentabel wie die Fortführung des Herstellungsprozesses bis zum Ende der Periode 6.

Der Beginn des 7. Monats ist im Beispielfall ein Termin, an dem die Bereitschaftskosten *sämtlicher Potentialfaktoren,* die überhaupt einen Fixkostenabbau zulassen, abgebaut werden können. Sofern über diesen Zeitpunkt hinaus noch weiterer Bedarf an dem betreffenden Einsatzgut besteht, ist in einem dritten Schritt zu bestimmen, welche Preisobergrenze sich *für die Zeit bis zum nächsten Termin dieser Art,* also *bis zu dem Zeitpunkt, an dem wiederum die Fixkosten sämtlicher langfristig disponibler Potentialfaktoren abbaufähig sind,* ergibt. Dies ist im Beispielfall das Ende des 12. bzw. der Beginn des 13. Monats. Für eine Weiterproduktion bis dahin ist die Preisobergrenze noch niedriger. Sie beträgt nur 0,67 DM/LE, wie die Zeilen 7 bis 12 der Abbildung 14 erkennen lassen. Dies liegt daran, daß die Fixkostenabbau-Zyklen innerhalb der sechs Monate umfassenden Periode vom Beginn des 7. Monats bis zum Ende des 12. Monats sehr günstig ineinander „geschachtelt" sind. Der Zeitraum von sechs Monaten ist das kleinste gemeinsame Vielfache der Fixkosten-Bindungsintervalle von Pontentialfaktor I und Potentialfaktor II.

Das Ergebnis der vorstehend erläuterten zukunftsbezogenen Marginalbetrachtungen für Teilperioden des Planungszeitraums ist in Abbildung 15 zusammengefaßt. Sie läßt folgendes erkennen: *Je höher (niedriger) der Beschaffungspreis (P_B) ist, desto früher (später) wird die Produktion und damit die Beschaffung des Rohstoffes g eingestellt,* desto kleinere (größere) Mengen werden ab dem Kalkulationszeitpunkt (dem Beginn des 1. Monats) insgesamt von g beschafft. Bei einem Beschaffungspreis von 2,00 DM/LE müßte die Beschaffung und Weiterverarbeitung des Einsatzstoffes g also *bereits am Ende des 2. Monats* abgebrochen werden und nicht erst am Ende des 4. Monats, wie dies die Spalte 9 der Abbildung 13 nahelegt. Selbst wenn man für eine Leistungseinheit g beispielsweise lediglich 1,40 DM bezahlen müßte, wäre

Abb. 15: Ergebnis der Bestimmung langfristiger verwendungsertragsorientierter Preisobergrenzen

Beschaffungspreis (P_B) für g	Beschaffung von g bis zum Ende des	insgesamt beschaffte Menge von g ab dem Beginn des 1. Monats
$P_B > 4{,}00$ DM/LE		
$4{,}00$ DM/LE $> P_B \geqq 0{,}87$ DM/LE	2. Monats	4.000 LE
$0{,}87$ DM/LE $> P_B \geqq 0{,}67$ DM/LE	6. Monats	12.000 LE
$0{,}67$ DM/LE $\geqq P_B$	12. Monats	24.000 LE

Bei einem Beschaffungspreis von 2,00 DM/LE (oder beispielsweise 1,40 DM/LE) müßten also Beschaffung und Weiterverarbeitung von g *bereits am Ende des 2. Monats* abgebrochen werden – und nicht erst am Ende des 4. Monats (bzw. am Ende des 6. Monats), wie dies Spalte 9 der Abb. 13 nahelegt.

ein Zukauf über das Ende des 2. Monats hinaus nicht rentabel, wie dies die Zeilen 5 und 6 in der Spalte 9 von Abbildung 13 vermuten lassen.

2. Langfristige kostenersparnisorientierte Preisobergrenzen

Im Gegensatz zu langfristigen Preisobergrenzen, die von den erzielbaren Verwertungsüberschüssen abgeleitet werden, sind langfristige *kostenersparnisorientierte* Preisobergrenzen (z. B. solche, die von den einsparbaren Kosten der Eigenfertigung abgeleitet werden) grundsätzlich *höher als die entsprechenden kurzfristigen Preisobergrenzen.* Denn die auf lange Sicht abbaufähigen Fixkosten sind zu den kurzfristig variablen Kosten des alternativen Bereitstellungsweges (z. B. eben der Eigenfertigung) *hinzuzuaddieren*[48].

Deshalb steht die Bestimmung solcher Preisobergrenzen meist auch im Dienste einer etwas anderen Fragestellung. Während bei der Ermittlung langfristiger verwendungsertragsorientierter *Preisobergrenzen* gefragt wird, *ab wann bzw. bei welchem Preis die Beschaffung einzustellen ist* (unter Verzicht auf die Herstellung des Endproduktes), soll die Festlegung langfristiger *kostenersparnisorientierter* Preisobergrenzen in erster Linie zeigen, *ab wann bzw. bei welchen Preis mit der Beschaffung (dem Fremdbezug) zu beginnen ist* – unter Verzicht auf die weitere Nutzung des bisherigen Bereitstellungsweges (etwa der Eigenfertigung).

Das eben Gesagte soll im folgenden durch eine geringfügige Variation des vorher behandelten Beispielfalls erläutert werden. Dazu wird angenommen, Rohstoff g sei bisher auf vorhandenen Anlagen im eigenen Betrieb erzeugt worden, bei kurzfristig variablen Kosten von 0,30 DM/LE. Bei Einstellung der Eigenfertigung ließen sich kurzfristig fixe Kosten von zwei Potentialfaktoren abbauen, und zwar

- die Fixkosten des *Potentialfaktors III* jeweils nach *zwei Monaten* (erstmals also zu Beginn des 3. Monats, dann zu Beginn des 5., 7. Monats usw.) in Höhe von *800,– DM* sowie

48 Daß langfristige kostenersparnisorientierte Preisobergrenzen um so höher sind, je langfristiger die Betrachtung ist, weil mit zunehmender Länge der zu beurteilenden Periode immer mehr Kosten der Eigenfertigung disponibel werden, betont in der Literatur vor allem *Layer,* M.: Möglichkeiten und Grenzen, S. 77.

– die Fixkosten des *Potentialfaktors IV* jeweils nach *drei Monaten* (erstmals zu Beginn des 4. Monats, dann zu Beginn des 7., 10. Monats usw.) jeweils in Höhe von *600,– DM*.

Unter solchen Bedingungen wäre eine Bestimmung langfristiger kostenersparnisorientierter Preisobergrenzen in Analogie zu der Vorgehensweise, wie sie für das zuletzt betrachtete Beispiel in der Tabelle der Abbildung 13 zum Ausdruck kommt, ebenfalls nur bedingt richtig, nämlich nur dann, wenn die Beschaffungsentscheidung zu Beginn des jeweils relevanten Planungszeitraums nur *für den Gesamtbedarf dieser Planungsperiode als Ganzes* getroffen werden kann, wenn es also beispielsweise unmöglich ist, zunächst noch für eine bestimmte Zeit Eigenfertigung zu betreiben und erst dann, *während der Planungsperiode*, zur Beschaffung (dem Fremdbezug) des betreffenden Einsatzstoffes überzugehen. Wenn diese Prämisse nicht erfüllt ist, und dies ist nach meinen Erfahrungen in der überwiegenden Zahl der relevanten Entscheidungssituationen der Fall, so sind auch bei der hier näher betrachteten Bestimmung langfristiger kostenersparnisorientierter Preisobergrenzen *zukunftsbezogene Marginalbetrachtungen für Teilperioden des Planungszeitraums* erforderlich.

Diese werden für den Beispielfall in Abbildung 16 erläutert, die völlig analog zu der Tabelle von Abbildung 14 aufgebaut ist: Zunächst bestimmt sich für die

Abb. 16: Zukunftsbezogene Marginalbetrachtungen für Teilperioden des Planungszeitraums zur Ermittlung langfristiger kostenersparnisorientierter Preisobergrenzen

1	2	3	4	5	6 (4 + 5)	7	8 (3 + 7)	9 (8/2)
bis zum Ende des Monats	kumulierte Bereitstellungs- und Verarbeitungsmengen von g (LE)	kumulierte einsparbare kurzfristig variable Kosten der Eigenfertigung (K_v)	abbaufähige Fixkosten der Eigenfertigung K_{fa} zu Beginn der einzelnen Perioden: Potentialfaktor III	Potentialfaktor IV	insgesamt	für die einzelnen Monate kumuliert	kumulierte einsparbare Kosten der Eigenfertigung	langfristige Preisobergrenzen je LE g

a) Ermittlung der Preisobergrenze für die Zeit bis zum frühestmöglichen Fixkostenabbau-Termin (bis zum Ende des 2. Monats)

2	4.000	1.200					1.200	0,30

b) Ermittlung marginaler Preisobergrenzen für die Zeit über den frühestmöglichen Fixkostenabbau-Termin (über den Beginn des 3. Monats) hinaus bis zu dem Zeitpunkt, an dem erstmals die Fixkosten mehrerer (hier beider) Potentialfaktoren gleichzeitig abgebaut werden können (bis zum Ende des 6. bzw. dem Beginn des 7. Monats)

3	2.000	600	800		800	800	1.400	0,70
4	4.000	1.200		600	600	1.400	2.600	0,65
5	6.000	1.800	800		800	2.200	4.000	0,66
6	8.000	2.400				2.200	4.600	0,57
7			800	600	1.400			

c) Ermittlung marginaler Preisobergrenzen für die Zeit über den eben genannten Zeitpunkt hinaus (über den Beginn des 7. Monats hinaus) bis zu dem Zeitpunkt, an dem wiederum die Fixkosten beider Potentialfaktoren abgebaut werden können (bis zum Ende des 12. bzw. dem Beginn des 13. Monats)

7	2.000	600	800	600	1.400	1.400	2.000	1,00
8	4.000	1.200				1.400	2.600	0,65
9	6.000	1.800	800		800	2.200	4.000	0,66
10	8.000	2.400		600	600	2.800	5.200	0,65
11	10.000	3.000	800		800	3.600	6.600	0,66
12	12.000	3.600				3.600	7.200	0,60
13			800	600	1.400			

Zeit bis zum Ende des 2. Monats die Preisobergrenze aus den kurzfristig variablen Kosten der Eigenerzeugung in Höhe von 0,30 DM/LE. Für die im zweiten Schritt ermittelte Preisobergrenze für eine weitere Eigenproduktion über diesen Zeitpunkt hinaus *bis zu dem Zeitpunkt, an dem erstmals die Fixkosten beider Potentialfaktoren gleichzeitig abgebaut werden können*, erhält man eine Preisobergrenze von 0,57 DM/LE, wobei sich wiederum (man vergleiche hierzu die Zeilen 3 bis 5 von Abbildung 16) zeigt, daß es nicht wirtschaftlich wäre, etwa nur bis zum Ende der 3., 4. oder 5. Periode weiterzuproduzieren. Wenn eine weitere Eigenfertigung in Frage kommt, so grundsätzlich nur bis zum Ende des 6. Monats, denn hierfür sind die zusätzlichen Kosten der Eigenerzeugung, die sich beim Übergang zum Fremdbezug insgesamt abbauen ließen, mit 0,57 DM/LE am niedrigsten.

Für die Zeit danach bis zum Ende des 12. Monats, an dem wiederum beide Potentialfaktoren gemeinsam abgebaut werden könnten, weist die letzte Spalte der Abbildung 16 eine Preisobergrenze von 0,60 DM/LE aus.

Abbildung 17, welche die Ergebnisse der eben erläuterten Marginalbetrachtungen zusammenfaßt, zeigt folgendes: *Je niedriger (höher) der Beschaffungspreis (P_B) ist, desto früher (später) wird unter Einstellung der Eigenfertigung mit der Beschaffung (dem Fremdbezug) des Rohstoffes begonnen*, desto größere Mengen werden bis zum Ende der Bedarfsperiode (hier im Beispielfall bis zum Ende des 12. Monats) vom Einsatzgut g durch Zukauf vomMarkt beschafft. Ist der Beschaffungspreis höher als 0,60 DM/LE, so ist der Fremdbezug generell unwirtschaftlich.

Diese Ergebnisse gelten allerdings nur unter der Prämisse, *daß sich die Weiterverarbeitung selbst hergestellter Mengen von g auch angesichts der langfristig höheren Erzeugungskosten pro Leistungseinheit lohnt.*

Diese Prämisse ist im Beispielfall erfüllt, da die langfristigen Verwertungsüberschüsse, wie sie aus der Tabelle in Abbildung 14 hervorgehen, stets höher sind als die in Abbildung 16 ausgewiesenen Kosten der Eigenerzeugung. Die Eigenfertigung ist also in allen Fällen (für alle Zeiträume der Betrachtung bzw. Planung) die für die Preisobergrenzen-Ermittlung relevante Alternative.

Abb. 17: Ergebnis der Bestimmung langfristiger kostenersparnisorientierter Preisobergrenzen

Je niedriger (höher) der Beschaffungspreis (P_B) ist, desto früher (später) wird – unter Einstellung der Eigenfertigung – mit der Beschaffung (dem Fremdbezug) des Rohstoffs begonnen – desto größere Mengen werden bis zum Ende der Bedarfsperiode (bis zum Ende des 12. Monats) von g beschafft:

Beschaffungspreis (P_B) für g	Beschaffung von g (unter Einstellung der Eigenfertigung ab Beginn des	insgesamt beschaffte Menge von g (bis zum Ende des 12. Monats)
$P_B \leqq$ 0,30 DM/LE	1. Monats	24.000 LE
0,30 DM/LE $< P_B \leqq$ 0,57 DM/LE	3. Monats	20.000 LE
0.57 DM/LE $< P_B \leqq$ 0,60 DM/LE	7. Monats	12.000 LE
0.60 DM/LE $< P_B$		–

Das trifft nicht mehr zu, wenn man das Beispiel geringfügig modifiziert, wenn man etwa annimmt, daß die kurzfristig variablen Kosten der Eigenerzeugung nicht 0,30 DM/LE, sondern 0,45 DM/LE betragen. Diese Modifikation läuft auf eine generelle Erhöhung der in Spalte 9 von Abbildung 16 ausgewiesenen Werte um 0,15 DM/LE hinaus. Die Preisobergrenze für die Produktion bis zum Ende der zweiten Periode beträgt *0,45 DM/LE,* die Preisobergrenze für die darüber hinausgehende Zeit vom Beginn des 3. Monats bis zum Ende des 6. Monats *0,72 DM/LE* und schließlich die Preisobergrenze für den Zeitraum vom Beginn des 7. bis zum Ende des 12. Monats *0,75 DM/LE.*

Vergleicht man diese langfristigen kostenersparnisorientierten Preisobergrenzen mit den in Spalte 9 der Abbildung 14 ausgewiesenen langfristigen verwendungsertragsorientierten Preisobergrenzen, so erkennt man, *daß sich eine Eigenfertigung über das Ende des 6. Monats hinaus nicht lohnen würde:* Der Verwertungsüberschuß von 0,67 DM/LE ist niedriger als die Eigenerzeugungskosten von 0,75 DM/LE. Daher ist bei der Preisobergrenzen-Ermittlung für die Zeit über den Beginn des 7. Monats hinaus bis zum Ende des 12. Monats stets zu berücksichtigen, daß der *Verzicht auf die Weiterproduktion* als relevante Alternative in Betracht zu ziehen ist und nicht die Selbstherstellung. Es kommt also zu einem Wechsel im Ansatzpunkt der Preisobergrenzenbestimmung. Zu welchen Ergebnissen dies führt, wird in Abbildung 18 näher erläutert: Kann der Einsatzstoff g zu einem Preis beschafft werden, der unter 0,45 DM/LE liegt, so ist es ratsam, die Eigenfertigung unverzüglich einzustellen, sofort mit dem Fremdbezug zu beginnen und diesen bis zum Ende des Planungszeitraum, also bis zum Ende des 12. Monats, fortzuführen, insgesamt demnach 24 000 Leistungseinheiten zuzukaufen. Dagegen ist es dann, wenn der Fremdbezugspreis zwischen 0,45 DM/LE und 0,67 DM/LE liegt, richtig, erst zu Beginn des 3. Monats die Eigenfertigung einzustellen und statt dessen mit dem Fremdbezug des Stoffes g zu beginnen und diesen dann bis zum Ende des 12. Monats fortzusetzen. In diesem Fall werden dann allerdings nur noch 18 000 LE fremdbezogen.

Abb. 18: Ergebnis der Bestimmung langfristiger kostenersparnisorientierter Preisobergrenzen unter modifizierten Bedingungen (kurzfristig variable Kosten der Eigenfertigung = 0,45 DM/LE g)

Beschaffungspreis (P_B) für g	Einstellung der Eigenfertigung vor Beginn des	Beschaffung von g ab Beginn des	Herstellung des Endprodukts bis zum Ende des	insgesamt beschaffte Menge von g
$P_B \leq 0,45$	1. Monats	1. Monats	12. Monats[1]	24.000 LE
0,45 DM/LE $< P_B \leq$ 0,67 DM/LE	3. Monats	3. Monats	12. Monats[1]	18.000 LE
0,67 DM/LE $< P_B \leq$ 0,72 DM/LE	3. Monats	3. Monats	6. Monats[2]	8.000 LE
0,72 DM/LE $< P_B$	7. Monats		6. Monats	—

1 Eine Weiterverarbeitung über das Ende des 6. Monats hinaus bis zum Ende des 12. Monats lohnt sich (Verwertungsüberschuß 0,67 DM/LE $\geq P_B$)

2 Eine Weiterproduktion über das Ende des 6. Monats hinaus lohnt sich nicht (Verwertungsüberschuß 0,67 DM/LE $< P_B$)

Übersteigt der Zukaufspreis 0,67 DM/LE, liegt er aber noch unter 0,72 DM/LE, so ist es zwar immer noch sinnvoll, zu Beginn des 3. Monats einen Wechsel des Bereitstellungsweges, d. h. den Übergang von der Eigenfertigung zum Fremdbezug vorzunehmen, doch lohnt sich die Weiterverarbeitung des zu diesen Preisen bereitgestellten Einsatzstoffes g nur bis zum Ende des 6. Monats, so daß insgesamt nur 8 000 LE zuzukaufen wären. Schließlich müßte man die Eigenfertigung und zugleich auch die Weiterverarbeitung des Stoffes g am Ende des 6. Monats bzw. zu Beginn des 7. Monats völlig einstellen, wenn der Zukaufspreis die Grenze von 0,72 DM/LE übersteigen würde. Unter diesen Bedingungen wäre also ein Fremdbezug von g völlig unrentabel.

VI. Die gleichzeitige Ableitung von Preisobergrenzen für mehrere Einsatzgüter von sachlichen Alternativen

In den vorausgehenden Teilen dieses Beitrags wurden jeweils *einzelne Beschaffungsobjekte isoliert betrachtet*. Die Beschaffungspreise der übrigen Produktionsfaktoren wurden als gegeben und konstant unterstellt.

Ein Arbeiten mit dieser Prämisse ist aber durchaus nicht unproblematisch. Denn bei den Prozessen, in denen die von einer Unternehmung zu beschaffenden Materialien eingesetzt werden, handelt es sich um Kombinationsprozesse, in denen stets mehrere verschiedene Einsatzgüterarten miteinander kombiniert werden. Deshalb kann man die Preisobergrenze für eines dieser Kostengüter nur dann eindeutig festlegen, wenn – wie an anderer Stelle schon angedeutet – die Preise für die übrigen Einsatzgüter bereits festliegen. Dies ist am ehesten der Fall, wenn die Beschaffung der verschiedenen Einsatzgüter zeitlich auseinanderfällt. Dann läßt sich die Preisobergrenze wenigstens eindeutig für das zuletzt zu beschaffende Einsatzgut bestimmen[49].

Sollen *gleichzeitig die Preisobergrenzen für mehrere Beschaffungsobjekte* bestimmt werden, so bereitet die Problemlösung größere Schwierigkeiten. Diese sind mit jenen vergleichbar, die sich innerhalb der Absatzpolitik für die Preis*unter*grenzen-Bestimmung ergeben, wenn aus einem Kuppelprozeß technisch zwangsläufig in festem Mengenverhältnis mehrere verschiedene Produkte hervorgehen. So wie dort eine durch die Technologie des Produktionsprozesses bedingte Kopplung der Ausbringungsgüter (-mengen) besteht, so liegt in den hier betrachteten Fällen auf Grund der technologischen Bedingungen der Faktor-Kombination regelmäßig eine zwangsläufige Verbundenheit der Gütereinsätze und damit zugleich eine Verbundenheit der Nachfrage nach den betreffenden Gütern[50] vor. Daraus wird in der Literatur gefolgert, daß man für mehrere, in denselben Produktionsprozeß eingehende Produktionsfaktoren gleichzeitig nur eine gemeinsame Preisobergrenze bestimmen kann[51], weil sich der Ertrag aus der kombinatorischen Verwertung dieser Produktionsfaktoren nicht mit Hilfe irgendwelcher Schlüssel aufteilen, sondern nur diesen gemeinsam zurechnen läßt.

Wie im weiteren zu zeigen sein wird, gilt dies allerdings nur für verwendungsertragsorientierte Preisobergrenzen. Aber selbst für diesen Fall lassen sich in der Regel *Preisobergrenzen-Kombinationen* angeben.

Als Erläuterung hierfür möge folgendes Beispiel dienen: Eine Unternehmung erzeugt das Endprodukt H und setzt dabei neben anderen Stoffen auch die Stoffe

49 Hierauf verweist auch *Mellerowicz*, K.: Kosten und Kostenrechnung, S. 166.
50 Vgl. dazu auch *Mellerowicz*, K.: Kosten und Kostenrechnung, S. 165.
51 Vgl. *Reichmann*, Th.: Kostenrechnung und Preisgrenzen, S. 284 f.

h_1 und h_2 ein und zwar 0,4 LE h_1 je LE H und 0,6 LE h_2 je LE H. Ohne Berücksichtigung der Kosten für diese beiden Verbrauchsgüterarten entsteht ein Verwertungsüberschuß von 60,– DM/LE des Endproduktes H.
Sofern keine alternativen Bereitstellungsmöglichkeiten bestehen, gelten die in Abbildung 19a als *Verbindungslinie der Punkte A und B* markierten Preisobergrenzen-Kombinationen. Die Strecke AB ist der geometrische Ort aller Preisobergrenzen-Kombinationen.

Einschränkungen dieser möglichen Preisobergrenzen-Kombinationen ergeben sich im Beispielfall, wenn das Einsatzgut h_1 auf anderen Wegen zu Kosten von weniger als 150,– DM/LE und/oder das Einsatzgut h_2 zu Kosten von weniger als 100,– DM/LE bereitgestellt werden könnten. Bestünde beispielsweise für h_1 die Möglichkeit der Eigenfertigung zu 100,– DM/LE und für h_2 die Möglichkeit der Selbstherstellung zu 80,– DM/LE, so sind nur noch die in Abbildung 19b als *Verbindungslinie von C und D* markierten möglichen Preisobergrenzen-Kombinationen relevant.

Ist die Summe der Kosten einer Bereitstellung auf anderen Wegen für das gesamte Bündel an Einsatzgütern – hier also die Summe der Eigenfertigungskosten für h_1 und h_2 – niedriger als der Verwertungsüberschuß – der im Beispielfall 60,– DM/LE beträgt –, so ist letzterer überhaupt nicht mehr als Preisobergrenze relevant. *Für jedes einzelne Einsatzgut läßt sich eine separate (allerdings kostenersparnisorientierte) Preisobergrenze bestimmen,* die sich im Beispielfall jeweils mit den einsparbaren Kosten der Selbstherstellung deckt (vgl. hierzu Abbildung 19c).

Abb. 19a: Mögliche Preisobergrenzen-Kombinationen für zwei Einsatzgüter, für die es keine alternativen Bereitstellungsmöglichkeiten gibt

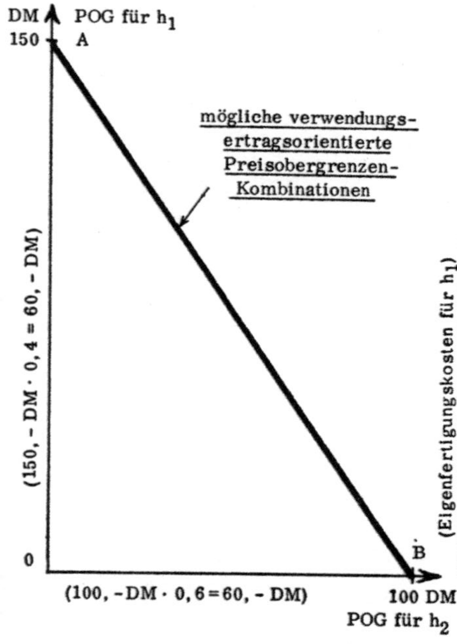

Abb. 19b: Mögliche Preisobergrenzen-Kombinationen für zwei Einsatzgüter, für die es alternative Bereitstellungsmöglichkeiten (Eigenfertigung) gibt

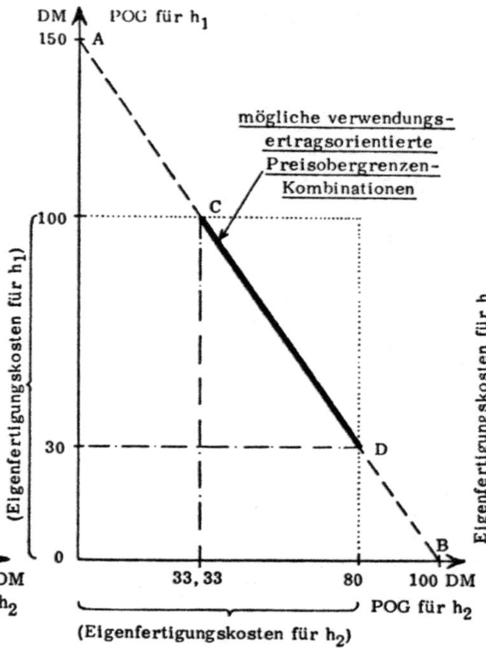

Abb. 19c: Separate Preisobergrenzen für zwei Einsatzgüter, für die es lohnende Eigenfertigungsmöglichkeiten gibt

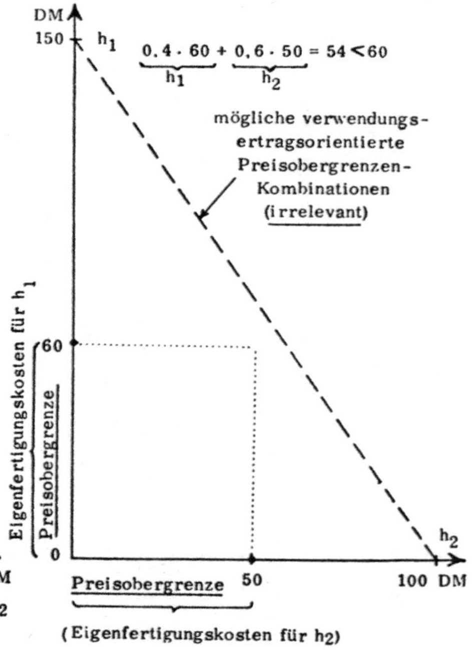

VII. Besonderheiten der Ermittlung von Preisobergrenzen für Einsatzgüter, die zu Endprodukten weiterverarbeitet werden, für die lediglich eine Preis-Absatz-Funktion vorliegt

Im letzten Abschnitt dieser Schrift soll auf jene Besonderheiten aufmerksam gemacht werden, die sich ergeben, wenn man bei der Ermittlung von Preisobergrenzen nicht von fest vorgegebenen Absatzpreisen, sondern lediglich von einer Preis-Absatz-Funktion ausgehen kann. Hierfür ist in Abbildung 20 ein Beispiel zusammengestellt[52]. Es wird angenommen, die Leistungsart J, für deren Erzeugung der Einsatzstoff j benötigt wird, könnte alternativ zu einem Preis von 4,– DM/LE, 3,50 DM/LE, 3,– DM/LE oder 2,50 DM/LE verkauft werden – allerdings bei höheren Preisen in entsprechend geringeren Mengen (vgl. die Zeilen 1 und 2). Wird unterstellt, daß die Kosten für die übrigen Produktionsfaktoren gegeben und konstant sind und daß die Höhe der Fixkosten von den zur Diskussion stehenden beschaffungs- und absatzpolitischen Entscheidungen unberührt bleibt, so kann man zunächst – nach den bereits an anderer Stelle geschilderten Prinzipien – den Verwertungsüberschuß je Leistungseinheit des Endprodukts (J) und dann unter Berücksichtigung der jeweiligen Absatzmengen den für die Planungsperiode für alternative Preisstellungen zu erwartenden Verwertungsüberschuß berechnen. Diese Werte gehen aus den Zeilen 5 und 6 der Abbildung 20 hervor.

Verfügt man über diese Informationen, so liegt es nahe, einfach die Werte der Zeile 6 durch die Angaben über die Verbrauchsmengen in der Zeile 7 zu dividieren, d. h. den Verwertungsüberschuß pro benötigte Leistungseinheit des Einsatzstoffes j zu ermitteln und dann die auf diesem Weg ermittelten Werte als Preisobergrenzen für die alternativen Preisstellungen vorzugeben, also
für die Preisstellung 4,– DM/LE J

$$\frac{10.000}{5.000} = \underline{2,\!-\ DM/LE}\ \text{j},$$

für die Preisstellung 3,50 DM/LE J

$$\frac{15.000}{10.000} = \underline{1,\!50\ DM/LE}\ \text{j},$$

für die Preisstellung 3,– DM/LE J

$$\frac{15.000}{15.000} = \underline{1,\!-\ DM/LE}\ \text{j und}$$

52 Die numerischen Ausgangsdaten des Beispiels stammen von *Reichmann*, Th.: Kostenrechnung und Preisgrenzen, S. 277 f.

Abb. 20: Die Ermittlung kurzfristiger verwendungsertragsorientierter Preisobergrenzen für ein einzelnes Einsatzgut, welches zu einem Endprodukt weiterverarbeitet wird, für das lediglich eine Preis-Absatz-Funktion vorliegt

	preispolitische Alternativen ⟶ für Leistungsart J	I	II	III	IV	
1	alternative Absatzpreise für J	4,00	3,50	3,00	2,50	DM/LE J
2	zu den Preisen absetzbare Mengen	5.000	10.000	15.000	20.000	LE J
3	Erlöse je LE J (vgl. Zeile 1)	4,00	3,50	3,00	2,50	DM/LE J
4	./. Einzelkosten der Erzeugung und des Vertriebs - ohne die Kosten für den Rohstoff j	2,00	2,00	2,00	2,00	DM/LE J
5	Verwertungsüberschuß je LE J (Zeile 3 ./. Zeile 4)	2,00	1,50	1,00	0,50	DM/LE J
6	Verwertungsüberschuß in der Planungsperiode (Zeile 2 · Zeile 5)	10.000	15.000	15.000	10.000	DM
7	Bedarf an Einsatzstoff j (Produktionskoeffizient 1,0)	5.000	10.000	15.000	20.000	LE j

	Beschaffungspreis (P_B) für j (DM/LE)	Beschaffungsmenge j	Preisstellung für J
8	$0 < P_B \leqq 1{,}00$	10.000 LE	3,50 DM/LE
9	$1{,}00 < P_B \leqq 2{,}00$	5.000 LE	4,00 DM/LE
10	$2{,}00 < P_B$	0 LE	

für die Preisstellung 2,50 DM/LE J

$$\frac{10.000}{20.000} = \underline{0{,}50\ DM/LE\ j}.$$

Ein solches Vorgehen würde jedoch nicht zur Vorgabe praktisch brauchbarer Preisobergrenzen führen. Dies leuchtet sofort ein, wenn man bedenkt, daß die Preisstellung IV (2,50 DM/LE J) gegenüber den übrigen Preisstellungen eindeutig inferior ist und zwar auch für den Fall, daß die Bereitstellung des Einsatzstoffes j überhaupt nichts kostet. Denn diese Preisstellung bringt – wie in Zeile 6, Spalte IV vermerkt – auch ohne Berücksichtigung der Kosten für den Einsatzstoff j einen niedrigeren Verwertungsüberschuß in der Planungsperiode. Weiter läßt sich folgern, daß bei positiven Beschaffungspreisen für den Rohstoff j auch die Preisstellung III (3,– DM/LE J) gegenüber der Preisstellung II (3,50 DM/LE J) eindeutig unterlegen ist. Sie weist bei gleichem Verwertungsüberschuß in der Planungsperiode einen höheren Bedarf an Einsatzstoff j auf. Dies bedeutet, daß man für die Bereitstellung des Einsatzstoffes j auf jeden Fall – auch wenn für diesen pro Leistungseinheit ein noch so geringer Betrag bezahlt werden muß – für den Fall der Alternative III mehr an Beschaffungskosten in Kauf zu nehmen hätte als bei einer Preisstellung gemäß der Alternative II, sofern man von dem theoretisch zwar denkbaren, praktisch aber wohl sehr unrealistischen Fall absieht, daß man angesichts einer Mengenrabatt-Staffelung des Lieferanten für j 15 000 LE insgesamt zu einem niedrigeren Gesamtpreis bereitstellen könnte als 10 000 LE.

Schließt man Bedingungskonstellationen der zuletzt angedeuteten Art aus, kann es also auch bei noch so niedrigen Beschaffungspreisen für den Rohstoff j nicht vorkommen, daß die Unternehmung größere Mengen als 10 000 LE in der Periode nachfragt.

Ausgehend von der Indifferenz-Bedingung für die Preisstellungen I und II

$$
\begin{aligned}
10.000 - 5.000\,x &= 15.000 - 10.000\,x \\
5.000\,x &= 5.000 \\
x &= 1,\!—
\end{aligned}
$$

läßt sich unschwer errechnen, daß die Unternehmung bei Beschaffungspreisen bis zu 1,– DM/LE j 10 000 LE einkaufen, mithin also einen Endproduktpreis von 3,50 DM/LE J fordern muß, daß sie aber ihr Einkaufsvolumen bei Preisen zwischen 1,– und 2,– DM/LE j auf 5 000 LE bei einer Endprodukt-Preisstellung von 4,– DM/LE J zu beschränken hat. Bei Beschaffungspreisen, die über 2,– DM/LE j liegen, ist die Produktion einzustellen. Der Einkaufsabteilung des Beispiel-Betriebes ist also die in den Zeilen 8–10 der Abbildung 20 zusammengestellte Preisobergrenzen-Funktion als Preis-Nachfrage-Funktion vorzugeben.

VIII. Schlußbemerkungen

Die vorausgehenden Ausführungen haben gezeigt, daß für die Bestimmung von Preisobergrenzen nicht einfach die Lösungen zur Preisuntergrenzen-Ermittlung umgekehrt werden können. Zu dieser Problematik bestehen zwar in mehrfacher Hinsicht Parallelen und Analogien, aber die Berechnung und Festlegung von Preisobergrenzen für den Materialeinkauf bedarf doch in vielen Situationen besonderer, eigenständiger gedanklicher Ansätze.

Einer Modifikation bedürfen die Darlegungen der einzelnen Abschnitte dieser Schrift, wenn eine Unternehmung andere Ziele als die Gewinnmaximierung verfolgt, wenn sie beispielsweise sich nicht damit begnügt, durch einen zusätzlichen Beschaffungsakt einen infinitesimal kleinen zusätzlichen Gewinn zu erwirtschaften, sondern wenn sie darüber hinaus die Erzielung von Mindestgewinnen (als absolute Beträge, in Relation zum Umsatz, zum Kapital oder anderen Größen) fordert[53].

Außerdem müssen die herausgestellten Grundsätze modifiziert werden, wenn es im Rahmen der Beschaffung zu einem kalkulatorischen Ausgleich zwischen verschiedenen Beschaffungsobjekten kommt, derart, daß bei einzelnen Beschaffungsobjekten die sich für diese bei isolierter Betrachtung ergebende Preisobergrenze bewußt überschritten wird, daß man also bewußt Preisnachteile in Kauf nimmt, weil dies bei der Beschaffung anderer Güter (von demselben Lieferanten) zu besonderen Preisvorteilen führt.

53 Auf solche anders geartete Zielsetzungen und deren Einfluß auf die Preisobergrenzen-Bestimmung verweist J. *Hauschildt*: Die Bestimmung von Preisobergrenzen, S. 242 f.

Literaturverzeichnis

Betriebswirtschaftlicher Ausschuß des Verbandes der Chemischen Industrie: (Hrsg.) Kostenrechnung in der Chemischen Industrie, Wiesbaden 1962.

Böhm, Hans-Hermann und *Wille, Friedrich:* Deckungsbeitragsrechnung und Optimierung, 3. Aufl., München 1967.

Busse von Colbe, Walther und *Eisenführ, Franz:* Preisgrenzen, Ermittlung von, in: Handwörterbuch des Rechnungswesens, hrsg. v. Erich Kosiol, Stuttgart 1970, Sp. 1424–1430.

Ferner, Walter; Lindner, Klaus und *Strässer, Harald:* Eigenfertigung oder Fremdbezug – ein Praxisfall, gelöst mit linearer Programmierung, in: Zeitschrift für Betriebswirtschaft, 38. Jg. (1968), 1. Ergänzungsheft, S. 45–58.

Hauschildt, Jürgen: Die Bestimmung von Preisobergrenzen im Einkauf mit Hilfe der Deckungsbeitragsrechnung, in: Der Österreichische Betriebswirt, 17. Jg. (1967), S. 234–244.

Heger, Heinz: Die Beschaffung – unter besonderer Berücksichtigung ihrer Abhängigkeit vom Absatz- und Beschaffungsmarkt, Nürnberg 1957.

Heine, Bernd: Die Preisobergrenze im Einkauf, unveröffentlichte Diplomarbeit, Frankfurt am Main 1963.

Kilger, Wolfgang: Entscheidungskriterien zur Wahl zwischen Eigenerstellung und Fremdbezug, in: Das Rechnungswesen als Instrument der Unternehmensführung, hrsg. v. Walther Busse von Colbe, Bielefeld 1969, S. 75–121.

Kosiol, Erich: Bezugskalkulation, in: Lexikon des kaufmännischen Rechnungswesens, hrsg. v. Karl Bott, 2. Aufl., Erster Band, Sp. 499–528.

Kroeber-Riel, Werner: Beschaffung und Lagerung – Betriebswirtschaftliche Grundfragen der Materialwirtschaft, Wiesbaden 1966.

Layer, Manfred: Die Festlegung der Preisforderung bei Kundenfertigung, in: Rechnungswesen und Betriebswirtschaftspolitik, Festschrift für Gerhard Krüger zu seinem 65. Geburtstag, hrsg. von Manfred Layer und Heinz Strebel, Berlin 1969, S. 223–250.

Layer, Manfred: Möglichkeiten und Grenzen der Anwendbarkeit der Deckungsbeitragsrechnung im Rechnungswesen der Unternehmung, Berlin 1967.

Lehmann, M. R.: Industriekalkulation, 2. Aufl., Stuttgart 1941.

Männel, Wolfgang: Möglichkeiten und Grenzen des Rechnens mit Opportunitätserlösen, in: Beiträge zur betriebswirtschaftlichen Ertragslehre, Festschrift zum 70. Geburtstag von Erich Schäfer, hrsg. v. Paul Riebel, Opladen 1971, S. 201–245.

Männel, Wolfgang: Kundenskonti im entscheidungsorientierten Rechnungswesen, Herne/Berlin 1971.

Männel, Wolfgang: Mengenrabatte in der entscheidungsorientierten Erlösrechnung, Opladen 1974.

Marzen, Walter: Beschaffungskalkulation in: Handwörterbuch des Rechnungswesens, hrsg. v. Erich Kosiol, Stuttgart 1970, Sp. 137–146.

Mellerowicz, Konrad: Kosten und Kostenrechnung, Band II: Verfahren, 2. Teil, Berlin 1958.

Munz, Max: Beschaffung und Beschaffungsplanung im Industriebetrieb, Wiesbaden 1959.

Reddewig, Georg und *Dubberke, Hans-Achim:* Einkaufsorganisation und Einkaufsplanung, Wiesbaden 1959.

Reichmann, Thomas: Kostenrechnung und Preisgrenzen im Industriebetrieb, Habilitationsschrift, Frankfurt am Main o. J. (1972), erschienen 1973 unter dem Titel: Kosten und Preisgrenzen – Die Bestimmung von Preisuntergrenzen und Preisobergrenzen im Industriebetrieb, Wiesbaden 1973.

Reichmann, Thomas: Die Planung von Preisgrenzen im Beschaffungsbereich der Unternehmung, in: Zeitschrift für betriebswirtschaftliche Forschung, 23. Jg (1971), Heft 10/11/12, S. 793–802.
Riebel, Paul: Die Preiskalkulation auf Grundlage von „Selbstkosten" oder von relativen Einzelkosten und Deckungsbeiträgen, in: Zeitschrift für betriebswirtschaftliche Forschung, 16. Jg. (1964), S. 549–612.
Riebel, Paul: Einzelkosten- und Deckungsbeitragsrechnung, Grundfragen einer markt- und entscheidungsorientierten Unternehmerrechnung, Opladen 1972.
Riebel, Paul: Die Bereitschaftskosten in der entscheidungsorientierten Unternehmerrechnung, in: Zeitschrift für betriebswirtschaftliche Forschung, 22. Jg. (1970), S. 372–386.
Theisen, Paul: Grundzüge einer Theorie der Beschaffungspolitik, Berlin 1970.

Autorenverzeichnis

Stichwortverzeichnis

Wolfgang Männel

Mengenrabatte in der entscheidungsorientierten Erlösrechnung

(Deckungsbeitragsrechnung und Unternehmungsführung, Bd. 4)

128 Seiten. Folieneinband

Das Werk behandelt die von Literatur und Praxis vernachlässigte Frage, wie Mengenrabatte innerhalb der entscheidungsorientierten Erlösrechnung zu erfassen und zu verrechnen sind. Der Autor leistet damit nicht nur einen Beitrag zum Ausbau und zur Verfeinerung der betrieblichen Erlösrechnung, sondern auch zur Präzisierung der in der Praxis immer mehr angewandten Deckungsbeitragsrechnung, da nur eine richtige Verrechnung der Mengenrabatte zu aussagefähigen Deckungsbeiträgen führen kann. Ausgehend von einer kritischen Betrachtung der in Theorie und Praxis vorgeschlagenen Verrechnungsmethoden zeigt der Autor die Möglichkeiten einer richtigen Verrechnung der Mengenrabatte auf Leistungsarten, Leistungseinheiten und andere Kalkulationsobjekte auf, wobei auch die Frage, in welcher wertmäßigen Höhe Mengenrabatte auszuweisen sind, eine sorgfältige Analyse gewidmet wird.

GPSR Compliance

The European Union's (EU) General Product Safety Regulation (GPSR) is a set of rules that requires consumer products to be safe and our obligations to ensure this.

If you have any concerns about our products, you can contact us on ProductSafety@springernature.com

In case Publisher is established outside the EU, the EU authorized representative is:

Springer Nature Customer Service Center GmbH
Europaplatz 3
69115 Heidelberg, Germany

Batch number: 10809468

Printed by Printforce, the Netherlands